# OS PADRES DA IGREJA

**Bento XVI**

# OS PADRES DA IGREJA

## DE CLEMENTE DE ROMA A SANTO AGOSTINHO

*Tradução:*
EUCLIDES LUIZ CALLONI

Editora Pensamento
SÃO PAULO

Título do original: *Il Padri Della Chiesa – Da Clemente Romano a Sant'Agostino.*


Texto de acordo com as novas regras ortográficas da língua portuguesa.
2ª edição 2012.



Coordenação editorial: Denise de C. Rocha Delela e Roseli de S. Ferraz

Preparação de originais: Roseli de S. Ferraz

Revisão: Liliane Scaramelli

Foto da capa: Crivelli, Carlos (1435/40-1493). São Jerônimo e Santo Agostinho. Academia, Veneza, Itália
Crédito da foto: Cameraphoto Arte, Veneza / Art Resource, NY.

**Dados Internacionais de Catalogação na Publicação (CIP)**
**(Câmara Brasileira do Livro, SP, Brasil)**

Bento XVI, Papa, 1927
Os Padres da Igreja : de Clemente de Roma a Santo Agostinho / Bento XVI ; tradução Euclides Luiz Calloni. -- São Paulo : Pensamento, 2010.

Título original: Il Padri della Chiesa : da Clemente Romano a Sant'Agostino.
ISBN 978-85-315-1687-0

1. Igreja - História - Igreja primitiva 2. Padres da Igreja - Meditações I. Título.

10-08572 CDD-270.1

**Índices para catálogo sistemático:**
1. Padres da Igreja : Cristianismo : História 270.1

Direitos de tradução para o Brasil
adquiridos pela EDITORA PENSAMENTO-CULTRIX LTDA.
Rua Dr. Mário Vicente, 368 — 04270-000 — São Paulo, SP
Fone: (11) 2066-9000 — Fax: (11) 2066-9008
E-mail: atendimento@editorapensamento.com.br
http://www.editorapensamento.com.br
que se reserva a propriedade literária desta tradução.
Foi feito o depósito legal.

# SUMÁRIO

# APRESENTAÇÃO

Este breve volume reúne as catequeses que o Santo Padre Bento XVI – continuando a série precedente, intitulada *Os Apóstolos: Uma Introdução às Origens da Fé Cristã* (Pensamento, São Paulo, 2008) – quis dedicar aos escritores eclesiásticos mais importantes dos primeiros quatro séculos da era cristã, de Clemente de Roma (morto por volta do ano 100) a Santo Agostinho (falecido em 430).

Esses autores são normalmente chamados de *Padres da Igreja.*

Mais precisamente, quem são os Padres da Igreja?

São assim chamados os escritores eclesiásticos dos primeiros séculos que, distinguindo-se pela santidade de vida, pela excelência e pela ortodoxia da doutrina, mereceram receber da Igreja este título expressivo e insigne.

Como consequência, não receberam o título de *Padre* os que estiveram vinculados a heresias, chamados com o nome geral de *Escritor eclesiástico.*

Assim, este ciclo de pregações inclui três autores eminentes e ilustres que não podem ser chamados *Padres*, porque não obtiveram – nesse sentido – o reconhecimento formal da Igreja. São eles Orígenes, Tertuliano e Eusébio de Cesareia.

No volume que apresentamos, o papa Bento, com a naturalidade e a vivacidade da linguagem falada, expõe uma fascinante galeria de 26 afrescos, cada um dedicado a um autor das origens cristãs.

Ele segue basicamente a ordem cronológica – dos Padres Apostólicos aos Apologistas, até os grandes Padres que viveram entre o século III e as primeiras décadas do V –, abrangendo as Igrejas do Ocidente e do Oriente, e aqui incluindo a antiga e veneranda Igreja da Síria.

Em cada afresco, podemos observar um esquema recorrente (que em alguns casos, por simples questão de tempo, precisou ser desenvolvido em duas ou mais etapas: assim Orígenes, os três Capadócios, Crisóstomo e Jerônimo recebem duas catequeses; Agostinho – o Padre que o papa Bento mais admira, e objetivamente o mais importante dos primeiros quatro séculos – chega a ser tema de cinco). Em primeiro lugar, o papa apresenta *o homem*, com os acontecimentos específicos da sua vida; em segundo lugar, *o escritor*, com a atenção voltada para a sua produção literária; por último, *o mestre*, discorrendo sobre sua doutrina teológica. Em cada caso, sempre com grande perspicácia, o papa procura *atualizar* a mensagem patrística, e muitas vezes – também de modo explícito – reitera que "estes Padres ainda têm muito a dizer aos homens e aos cristãos de hoje".

Em dois pontos Bento XVI encontra com mais frequência a atualidade da doutrina patrística.

Antes de tudo no tema da *relação entre fé e razão.*

Apesar de certa intransigência, presente principalmente às margens da Igreja, os Padres – de Justino, filósofo e mártir, a Santo Agostinho – mantiveram decididamente a linha do acordo entre a razão filosófica e a fé evangélica, sob a insígnia de um diálogo crítico e construtivo com a cultura e a filosofia do seu tempo.

Nesse processo, o *logos* dos gregos foi de algum modo "ampliado" para expressar o *Logos* da proclamação cristã, a segunda Pessoa da Santíssima Trindade, o Filho de Deus que se fez carne no ventre de Maria, o único Salvador do Mundo.

No modo de ver de Bento XVI, também hoje o conceito de razão deve ser "ampliado" para que tenha condições de analisar e compreender os aspectos da realidade que ultrapassam a dimensão meramente empírica. Exatamente essa "ampliação" pode favorecer uma aproximação mais fecunda e complementar entre fé e razão.

O outro ponto privilegiado de atualização – de certo modo associado ao anterior – é o tema da *oração na Tradição da Igreja* e da necessária intimidade pessoal do discípulo com o Mestre.

Nas suas catequeses, muitas vezes o papa lembra que a especulação dos Padres nunca é um fim em si mesma, mas conduz a uma relação íntima, existencial com a Verdade: uma Verdade que para os que creem não é um conceito abstrato, mas uma Pessoa muito real, o próprio *Logos*, Filho do Pai, que disse: "Eu sou a Verdade..." (*Jo* 14,6).

Essa mesma relação pessoal com Ele fundamenta e sustenta a missão de cada cristão na Igreja e no serviço aos irmãos. Assim, oração e liturgia andam junto com a caridade, e as três estabelecem entre si uma síntese fecunda.

Em suma, um exame de consciência rigoroso impõe-se para quem quer reencontrar-se no "grupo de testemunhos" constituído pelos nossos Padres.

Também hoje, diante dos desafios de certa cultura niilista e ateia, só é possível vencer com um pouco "mais" de oração, de intimidade com o Senhor e com a sua Palavra.

A nós, cristãos do terceiro milênio, os Padres entregam o Evangelho da salvação que plasmou o coração e a vida deles, para que a fé, a esperança e o amor possam vencer as resistências do mundo.

# OS PADRES DA IGREJA

# SÃO CLEMENTE DE ROMA

*Queridos irmãos e irmãs,*

meditamos nos últimos meses sobre cada um dos apóstolos e sobre as primeiras testemunhas da fé cristã mencionadas nos textos neotestamentários. Agora voltamos a atenção aos Padres apostólicos dos primeiros séculos cristãos. Poderemos ver assim o início do caminho da Igreja na história.

São Clemente, Bispo de Roma nos últimos anos do século I, é o terceiro sucessor de Pedro, depois de Lino e Anacleto. Com relação à sua vida, o testemunho mais importante é o de Santo Irineu, bispo de Lião até 202. Ele diz que Clemente "havia visto os apóstolos", "havia se encontrado com eles", e "ainda tinha nos ouvidos a pregação deles e diante dos olhos a sua tradição" (*Contra as Heresias* 3,3,3). Testemunhos tardios, entre os séculos IV e VI, atribuem a Clemente o título de mártir.

A autoridade e o prestígio deste Bispo de Roma eram tais, que a ele foram atribuídos diversos textos, mas a sua única obra inquestionável é a *Carta aos Coríntios*. Eusébio de Cesareia, o grande "arquivista" das origens cristãs, apresenta-a nestes termos: "É transmitida uma carta de Clemente reconhecida autêntica, grande e admirável. Foi escrita por ele, da parte da Igreja de Roma, à Igreja de Corinto (...). Sabemos que há muito tempo, e ainda nos nossos dias, ela é lida publicamente durante a reunião dos fiéis" (*Hist. Ecl.* 3,16).

Um caráter quase canônico era atribuído a essa carta. No início do texto, escrito em grego, Clemente lastima que "adversidades imprevistas, ocorridas uma após a outra" (1,1), tenham-no impedido de uma intervenção mais oportuna. Essas "adversidades" identificam-se com a perseguição de Domiciano: por isso a data de composição da carta deve remontar a um tempo imediatamente posterior à morte do imperador e ao fim da perseguição, ou seja, logo depois de 96.

A intervenção de Clemente era solicitada pelos graves problemas que a Igreja de Corinto enfrentava: os presbíteros da comunidade haviam sido destituídos por alguns jovens contestadores. O lamentável fato é lembrado, mais uma vez, por Santo Irineu, que escreve: "Sob Clemente, tendo surgido um desentendimento não pequeno entre os irmãos de Corinto, a Igreja de Roma enviou aos coríntios uma carta importantíssima para reconciliá-los na paz, renovar a sua fé e anunciar a tradição, que havia pouco tempo essa Igreja recebera dos Apóstolos" (*Contra as Heresias* 3,3,3). Poderíamos, portanto, dizer que essa carta constitui um primeiro exercício do Primado romano depois da morte de São Pedro.

A carta de Clemente retoma temas queridos a São Paulo, que escrevera duas longas cartas aos coríntios, e em particular a dialética teológica, perenemente atual, entre *indicativo* da salvação e *imperativo* do compromisso moral. Em primeiro lugar, temos o feliz anúncio da graça que salva. O Senhor nos adverte e nos dá o perdão, nos dá o seu amor, a graça de sermos cristãos, seus irmãos e irmãs. É um anúncio que enche de alegria a nossa vida e dá segurança ao nosso agir: o Senhor nos adverte sempre com a sua bondade, e a bondade do Senhor é sempre maior do que todos os nossos pecados.

É preciso, porém, que nos comprometamos de maneira coerente com o dom recebido e que respondamos ao anúncio da salvação com um caminho generoso e corajoso de conversão. No que diz respeito ao modelo paulino, a novidade é que Clemente continua a parte doutrinal e a parte prática, que integravam todas as cartas paulinas, com uma "grande oração", que praticamente encerra a carta.

A ocasião imediata da carta propicia ao Bispo de Roma a possibilidade de uma ampla intervenção sobre a identidade da Igreja e sobre a sua missão. Se houve abusos em Corinto, observa Clemente, o motivo está no enfraquecimento da caridade e de outras virtudes cristãs indispensáveis. Por isso ele conclama os fiéis à humildade e ao amor fraterno, duas virtudes verdadeiramente constitutivas do estar na Igreja: "Somos uma porção santa", admoesta, "cumpramos, portanto, tudo o que a santidade exige" (30,1).

Em especial, o Bispo de Roma lembra que o próprio Senhor "estabeleceu onde e por quem quer que os serviços litúrgicos sejam realizados, para que tudo, feito com santidade e com o seu beneplácito, seja bem aceito por sua vontade (...). Ao sumo sacerdote, com efeito, foram confiadas funções litúrgicas que lhe são próprias, aos sacerdotes foi pré-ordenado o lugar que lhes é próprio, aos levitas competem serviços próprios. O leigo está vinculado aos ordenamentos leigos" (40,1-5: observe-se que, nesta carta do fim do século I, pela primeira vez na literatura cristã, aparece o termo grego *laikós*, que significa "membro do *laós*", isto é, "do povo de Deus").

Desse modo, referindo-se à liturgia do antigo Israel, Clemente revela o seu ideal de Igreja. Ela é reunida pelo "único Espírito de graça derramado sobre nós", que sopra nos diversos membros do Corpo de Cristo, no qual todos, unidos sem nenhuma separação, são "membros uns dos outros" (46,6-7). A clara distinção entre o "leigo" e a hierarquia não significa absolutamente uma contraposição, mas tão somente essa ligação orgânica de um corpo, de um organismo, com as diversas funções.

De fato, a Igreja não é lugar de confusão e de anarquia, onde cada um pode fazer o que quer a qualquer momento: cada um nesse organismo, com uma estrutura articulada, exerce o seu ministério segundo a vocação recebida. Em relação aos chefes das comunidades, Clemente explicita claramente a doutrina da sucessão apostólica. As normas que a regulam derivam definitivamente do próprio Deus. O Pai enviou Jesus Cristo, que por sua vez enviou os Apóstolos. Depois, estes enviaram os primeiros líderes das comunidades, e definiram que a esses sucedessem outros homens dignos. Assim, tudo procede "ordenadamente da vontade de Deus" (42). Com essas palavras, com essas frases, São Clemente ressalta que a Igreja tem uma estrutura sacramental e não uma estrutura política.

A ação de Deus que vem ao nosso encontro na liturgia precede as nossas decisões e as nossas ideias. A Igreja é acima de tudo dom de Deus e não criatura nossa, e por isso essa estrutura sacramental não garante apenas o ordenamento comum, mas também essa precedência do dom de Deus, do qual todos necessitamos.

No final, a "grande oração" confere um alcance cósmico às argumentações precedentes. Clemente louva e agradece a Deus a sua maravilhosa providência de amor, que criou o mundo e continua a salvá-lo e a santificá-lo. Realce especial assume a invocação pelos governantes. Depois dos textos do Novo Testamento, ela representa a oração mais antiga pelas instituições políticas. Assim, imediatamente após as perseguições, os cristãos, bem sabendo que elas continuariam, oram sem cessar por aquelas mesmas autoridades que os haviam condenado injustamente.

O motivo é antes de tudo de ordem cristológica: é preciso orar pelos perseguidores, como fez Jesus no alto da cruz. Mas essa oração contém também um ensinamento que orienta, ao longo dos séculos, a atitude dos cristãos em relação à política e ao Estado.

Rezando pelas autoridades, Clemente reconhece a legitimidade das instituições políticas na ordem estabelecida por Deus; ao mesmo tempo, ele manifesta a preocupação de que as autoridades sejam dóceis a Deus e "exerçam o poder que Deus lhes concedeu, na paz e na mansidão com piedade" (61,2). César não é tudo. Sobressai outra soberania, cuja origem e essência não são deste mundo, mas "do alto": é a da Verdade, que proclama também com relação ao Estado o direito de ser ouvida.

Assim a carta de Clemente aborda diversos temas de atualidade perene. Ela é tanto mais significativa quanto representa, desde o século I, a solicitude da Igreja de Roma, que preside na caridade a todas as outras Igrejas. Com o mesmo Espírito, façamos nossas as invocações da "grande oração", onde o Bispo de Roma se faz voz do mundo inteiro: "Sim, Senhor, faz resplandecer sobre nós a tua face no bem da paz; protege-nos com a tua mão poderosa (...). Nós te damos graças, através do Sumo Sacerdote e guia das nossas almas, Jesus Cristo, por meio de quem rendemos glória e louvor a ti, agora, de geração em geração, e por todos os séculos dos séculos. Amém" (60-61).

(*Audiência geral, 7 de março de 2007, Sala Paulo VI*)

# SANTO INÁCIO DE ANTIOQUIA

*Queridos irmãos e irmãs,*

no nosso novo ciclo de catequeses apenas iniciado, estamos examinando as principais personalidades da Igreja nascente. Na semana passada, falamos do papa Clemente I, terceiro sucessor de São Pedro. Hoje falamos de Santo Inácio, que foi o terceiro bispo de Antioquia, de 70 a 107, data do seu martírio. Naquele tempo, Roma, Alexandria e Antioquia eram as três grandes metrópoles do império romano. O Concílio de Niceia fala de três "primados": obviamente, o de Roma, mas também Alexandria e Antioquia se consideravam um "primado". Como foi dito, Santo Inácio era bispo de Antioquia, que hoje se situa na Turquia.

Aqui, em Antioquia, como sabemos pelos Atos dos Apóstolos, surgiu uma comunidade cristã florescente: o primeiro bispo dessa comunidade foi o apóstolo Pedro – assim nos diz a tradição –, e ali "pela primeira vez, os discípulos foram chamados *cristãos*" (*At* 11,26). Eusébio de Cesareia, um historiador do século IV, dedica todo um capítulo da sua *História Eclesiástica* à vida e à obra literária de Inácio (3,36). Ele escreve: "Da Síria, Inácio foi enviado a Roma para servir de alimento às feras, por causa do testemunho por ele dado a Cristo. Realizando a viagem através da Ásia, sob a vigilância severa dos guardas" [que ele chama "dez leopardos" na sua *Carta aos Romanos* 5,1], "nas cidades onde parava, com pregações e admoestações, ia consolidando as Igrejas; acima de tudo exortava, com o ardor mais vivo, a precaver-se contra as heresias, que então começavam a pulular, e recomendava a não se afastar da tradição apostólica" (3,36,3-4).

A primeira etapa da viagem de Inácio rumo ao martírio foi a cidade de Esmirna, onde era bispo São Policarpo, discípulo de São João. Ali Inácio escreveu quatro cartas, respectivamente às Igrejas de Éfeso, Magnésia, Trales e Roma. "Partindo de Esmirna", continua Eusébio, "Inácio chegou a Trôade, e de lá remeteu novas cartas": duas às Igrejas de Filadélfia e Esmirna, e uma ao bispo Policarpo. Eusébio completa assim o elenco das cartas que chegaram até nós como um precioso tesouro. Lendo esses textos sente-se o vigor da fé da geração que ainda havia conhecido os apóstolos. Sente-se também nessas cartas o amor ardente de um santo. Finalmente, de Trôade o mártir chegou a Roma, onde, no anfiteatro Flávio, foi lançado às feras.

Nenhum Padre da Igreja expressou com a intensidade de Inácio o anseio de união com Cristo e de vida n'Ele. Por isso lemos a passagem evangélica sobre a vinha, que segundo o Evangelho de João é Jesus. Na realidade, confluem em Inácio duas "correntes" espirituais: a de Paulo, toda voltada à união com Cristo, e a de João, concentrada sobre a vida n'Ele. Essas duas correntes, por sua vez, deságuam na imitação de Cristo, muitas vezes proclamado por Inácio como "o meu" ou "o nosso Deus". Assim Inácio suplica aos cristãos de Roma que não impeçam o seu martírio, porque está impaciente por "unir-se a Jesus Cristo". E explica: "É belo para mim morrer indo para (*eis*) Jesus Cristo, em vez de reinar até os confins da terra. Procuro a Ele, que morreu por mim, quero a Ele, que ressuscitou por nós (...). Deixai que eu seja imitador da Paixão do meu Deus!" (*Romanos* 5-6).

Podemos captar nessas expressões fervorosas de amor o intenso "realismo" cristológico típico da Igreja de Antioquia, mais do que nunca atento à encarnação do Filho de Deus e à sua verdadeira e concreta humanidade: Jesus Cristo, escreve Inácio aos esmirnenses, "pertence *realmente* à estirpe de Davi", "*realmente* nasceu de uma virgem", "*realmente* foi crucificado por nós" (1,1).

A irresistível propensão de Inácio para a união com Cristo cria uma verdadeira "mística da unidade". Ele mesmo se define "um homem ao qual foi confiada a tarefa da unidade" (*Filadelfenos* 8,1). Para Inácio, a unidade é antes de tudo uma prerrogativa de Deus que, existindo em três Pessoas, é Uno em unidade absoluta. Ele repete frequentemente que Deus é unidade, e que só em Deus esta se encontra em estado puro e originário.

A unidade a ser realizada nesta terra pelos cristãos é tão somente uma imitação, o mais possível conforme com o arquétipo divino. Desse modo Inácio chega a elaborar uma visão da Igreja que lembra algumas expressões da *Carta aos Coríntios* de Clemente de Roma. Assim, por exemplo, ele escreve aos cristãos de Éfeso: "É bom para vós prosseguir juntos de acordo com o pensamento do bispo, o que já fazeis. Com efeito, o vosso colégio dos presbíteros, justamente famoso, digno de Deus, está assim harmoniosamente unido ao bispo como as cordas à cítara. Por isso, na vossa concórdia e no vosso amor sinfônico, Jesus Cristo é cantado. E assim vós, um a um, vos tornais um coro, para que na sinfonia da concórdia, depois de pegar o tom de Deus na unidade, possais cantar a uma só voz" (4,1-2).

E depois de recomendar aos esmirnenses que não "empreendam nada do que concerne à Igreja sem o bispo" (8,1), confidencia a Policarpo: "Eu ofereço a minha vida por aqueles que são submissos ao bispo, aos presbíteros a aos diáconos. Que eu possa com eles ter parte em Deus. Trabalhai juntos uns pelos outros, lutai juntos, correi juntos, sofrei juntos, dormi e despertai juntos como administradores de Deus, seus assessores e servos. Procurai agradar Àquele por quem militais e de quem recebeis a mercê. Que nenhum de vós seja desertor. O vosso batismo permaneça como um escudo, a fé como um elmo, a caridade como uma lança, a paciência como uma armadura" (6,1-2).

No conjunto, podemos ver nas *Cartas* de Inácio uma espécie de dialética constante e fecunda entre dois aspectos característicos da vida cristã: por um lado, a estrutura hierárquica da comunidade eclesial e, por outro, a unidade fundamental que congrega entre si todos os fiéis em Cristo. Consequentemente, os papéis não podem contrapor-se. Ao contrário, a insistência sobre a comunhão dos crentes entre si e com os próprios pastores é continuamente reformulada por meio de eloquentes imagens e analogias: a cítara, as cordas, a afinação, o concerto, a sinfonia.

É evidente a responsabilidade peculiar dos bispos, dos presbíteros e dos diáconos na edificação da comunidade. Para eles em primeiro lugar é feito o convite ao amor e à unidade. "Sede um só", escreve Inácio aos magnésios, retomando a oração de Jesus na última ceia: "Uma única súplica, uma única mente, uma única esperança no amor (...). Acorrei todos a Jesus Cristo como ao único templo de Deus, como ao único altar: Ele é um, e procedendo do único Pai, permaneceu unido a Ele, e a Ele retornou na unidade" (7,1-2).

Inácio, o primeiro na literatura cristã, atribui à Igreja o adjetivo "católica", isto é, "universal": "Onde está Jesus Cristo", afirma ele, "ali está a Igreja católica" (*Esmirnenses* 8,2). E exatamente no serviço de unidade à Igreja católica, a comunidade cristã de Roma exerce uma espécie de primado no amor: "Em Roma ela preside digna de Deus, venerável, digna de ser chamada bem-aventurada (...). Preside à caridade, que tem a lei de Cristo e leva o nome do Pai" (*Romanos*, prólogo).

Como se vê, Inácio é verdadeiramente o "doutor da unidade": unidade de Deus e unidade de Cristo (apesar das várias heresias que começavam a circular e dividiam o homem e Deus em Cristo), unidade da Igreja, unidade dos fiéis "na fé e na caridade, das quais nada há de mais excelente" (*Esmirnenses* 6,1). Enfim, o "realismo" de Inácio convida os fiéis de ontem e de hoje, convida todos nós a uma síntese progressiva entre configuração com Cristo (união com Ele, vida n'Ele) e dedicação à sua Igreja (unidade com o bispo, serviço generoso à comunidade e ao mundo).

Em suma, é preciso chegar a uma síntese entre comunhão da Igreja em seu interior e missão-proclamação do Evangelho para os outros, até que por intermédio de uma dimensão se manifeste a outra, e os crentes estejam sempre mais "na posse daquele Espírito indiviso que é o próprio Jesus Cristo" (*Magnésios* 15).

Implorando ao Senhor essa "graça de unidade", e na convicção de presidir à caridade de toda a Igreja (cf. *Romanos*, prólogo), dirijo a vós os mesmos votos que concluem a carta de Inácio aos cristãos de Trales: "Amai-vos uns aos outros com um coração indiviso. O meu espírito oferece-se em sacrifício por vós, não só agora, mas também quando estiver junto de Deus (...). Em Cristo possais ser encontrados sem mancha" (13). E rezemos para que o Senhor nos ajude a alcançar essa unidade e a sermos encontrados finalmente sem mancha, porque é o amor que purifica as almas.

*(Audiência geral, 14 de março de 2007, Praça São Pedro)*

# SÃO JUSTINO, FILÓSOFO E MÁRTIR

*Queridos irmãos e irmãs,*

nestas catequeses, estamos refletindo sobre as figuras de destaque da Igreja nascente. Hoje falamos de São Justino, filósofo e mártir, o mais importante dos Padres apologistas do século II. A palavra "apologistas" designa os antigos escritores cristãos que se propunham a defender a nova religião das pesadas acusações dos pagãos e dos judeus, e a difundir a doutrina cristã em termos adaptados à cultura da época. Assim, os apologistas estão imbuídos de uma dupla solicitude: a mais propriamente apologética, de defender o cristianismo nascente (*apologhía*, em grego, significa exatamente "defesa"), e a propositiva, "missionária", de expor os conteúdos da fé numa linguagem e com categorias de pensamento compreensíveis aos contemporâneos.

Justino nasceu por volta do ano 100 perto da antiga Siquém, na Samaria, na Terra Santa; ele procurou a verdade durante muito tempo, peregrinando por várias escolas da tradição filosófica grega. Finalmente – como ele mesmo narra nos primeiros capítulos do seu *Diálogo com Trifão* – um misterioso personagem, um ancião que ele encontrou à beira-mar, inicialmente provocou nele uma grande crise, demonstrando-lhe a incapacidade do homem de satisfazer apenas com as próprias forças sua aspiração ao divino. Depois indicou-lhe nos antigos profetas as pessoas a quem se dirigir para encontrar o caminho de Deus e a "verdadeira filosofia". Ao despedir-se, o ancião o exortou à oração, para que as portas da luz se lhe abrissem. O relato encobre o episódio crucial da vida de

Justino: ao término de um longo itinerário filosófico de busca da verdade, ele finalmente chegou à fé cristã.

Justino fundou uma escola em Roma, onde iniciava gratuitamente os alunos na nova religião, considerada como a verdadeira filosofia. Nela, de fato, ele havia encontrado a verdade, e portanto a arte de viver de modo reto. Por esse motivo foi denunciado e decapitado por volta do ano 165, sob o reinado de Marco Aurélio, o imperador-filósofo a quem o próprio Justino havia dedicado uma das suas *Apologias*.

São estas – as duas *Apologias* e o *Diálogo com Trifão* – as únicas obras que nos restam dele. Nelas, Justino pretende principalmente elucidar o projeto divino da criação e da salvação que se cumpre em Jesus Cristo, o *Logos*, isto é, o Verbo eterno, a Razão eterna, a Razão criadora. Todo homem, enquanto criatura racional, participa do *Logos*, leva em si uma "semente", e pode colher os vislumbres da verdade. Assim o mesmo *Logos*, que se revelou como figura profética aos judeus na Lei antiga, manifestou-se parcialmente, como "em sementes de verdade", também na filosofia grega.

Ora, conclui Justino, dado que o cristianismo é a manifestação histórica e pessoal do *Logos* na sua totalidade, daí resulta que "tudo o que de belo foi expresso por quem quer que seja, pertence a nós cristãos" (2 *Apol.* 13,4). Desse modo Justino, embora contestando a filosofia grega em suas contradições, orienta decididamente para o *Logos* toda verdade filosófica, motivando do ponto de vista racional a singular "pretensão" de verdade e de universalidade da religião cristã.

Se o Antigo Testamento tende para Cristo como a figura orienta para a realidade significada, a filosofia grega volta-se também ela para Cristo e para o Evangelho, do mesmo modo que a parte tende a unir-se ao todo. E diz que estas duas realidades, o Antigo Testamento e a filosofia grega, são como os dois caminhos que levam para Cristo, para o *Logos*.

Eis por que a filosofia grega não pode opor-se à verdade evangélica, e os cristãos podem inspirar-se nela com confiança, como num bem próprio. Por isso o meu venerado predecessor, o papa João Paulo II, definiu Justino "pioneiro de um encontro positivo com o pensamento filosófico, ainda que no signo de um prudente discernimento": porque Justino, "mesmo conservando também depois da conversão grande estima pela filosofia grega, afirmava com vigor e clareza ter encontrado no cristianismo 'a única filosofia segura e proveitosa' (*Diál.* 8,1)" (*Fides et ratio*, 38).

No conjunto, a figura e a obra de Justino assinalam a opção decidida da Igreja antiga pela filosofia, pela razão, mais do que pela religião dos pagãos. Com a religião pagã, com efeito, os primeiros cristãos rejeitaram corajosamente qualquer compromisso. Consideravam-na idolatria, à custa de serem por isso acusados de "impiedade" e de "ateísmo". Em particular Justino, especialmente na sua primeira *Apologia*, dirigiu uma crítica implacável à religião pagã e aos seus mitos, por ele considerados "despistes" diabólicos no caminho da verdade.

A filosofia representou, ao contrário, a área privilegiada do encontro entre paganismo, judaísmo e cristianismo precisamente no plano da crítica à religião pagã e aos seus falsos mitos. "A nossa filosofia...": assim, do modo mais explícito, chegou a definir a nova religião outro apologista contemporâneo de Justino, o bispo Melitão de Sardes (citado em Eusébio, *Hist. Ecl.* 4,26,7).

De fato, a religião pagã não percorria os caminhos do *Logos*, mas obstinava-se no caminho do mito, não obstante este ser considerado pela filosofia grega como destituído de consistência na verdade. Por isso, a decadência da religião pagã era inevitável: fluía como consequência lógica do afastamento da religião – reduzida a um conjunto artificial de cerimônias, convenções e hábitos – da verdade do ser. Justino, e com ele os outros apologistas, selaram a tomada de posição clara da fé cristã pelo Deus dos filósofos contra os falsos deuses da religião pagã. Era a opção pela *verdade* do ser contra o mito do *costume*.

Algumas décadas depois de Justino, Tertuliano definiu a mesma opção dos cristãos com uma sentença lapidar e sempre válida: "*Dominus noster Christus veritatem se, non consuetudinem, cognominavit* – Cristo afirmou ser a verdade, não o costume" (*A vigília das virgens* 1,1). Observe-se a propósito que o termo *consuetudo*, aqui empregado por Tertuliano com referência à religião pagã, pode ser traduzido nas línguas modernas com as expressões "moda cultural", "moda do tempo".

Numa época como a nossa, marcada pelo relativismo no debate sobre valores e sobre a religião – como também no diálogo inter-religioso –, essa é uma lição que não se deve esquecer. Com esse objetivo, volto a propor – e com isso concluo – as últimas palavras do misterioso ancião que o filósofo Justino encontrou à beira-mar: "Reza principalmente para que as portas da luz se abram para ti, porque ninguém pode ver e compreender se Deus e o seu Cristo não lhe concedem o dom de discernir" (*Diál.* 7,3).

*(Audiência geral, 21 de março de 2007, Praça São Pedro)*

# SANTO IRINEU DE LIÃO

*Queridos irmãos e irmãs,*

nas catequeses sobre as grandes figuras da Igreja dos primeiros séculos, chegamos hoje à personalidade eminente de Santo Irineu de Lião. As informações biográficas sobre ele provêm do seu próprio testemunho, transmitido por Eusébio no quinto livro da *História Eclesiástica*. Muito provavelmente, Irineu nasceu em Esmirna (hoje Izmir, na Turquia) entre 135-140, onde ainda jovem frequentou a escola do bispo Policarpo, discípulo por sua vez do apóstolo João. Não sabemos quando ele se transferiu da Ásia Menor para a Gália, mas a mudança deve ter coincidido com os primórdios da comunidade cristã de Lião: aqui, em 177, encontramos Irineu incluído no colégio dos presbíteros. Nesse mesmo ano ele foi enviado a Roma, portador de uma carta da comunidade de Lião ao papa Eleutério.

A missão romana subtraiu Irineu à perseguição de Marco Aurélio, responsável pela morte de pelo menos 48 mártires, entre os quais o próprio bispo de Lião, o nonagenário Potino, morto devido a maus-tratos sofridos no cárcere. Assim, ao regressar, Irineu foi eleito bispo da cidade. O novo pastor dedicou-se totalmente ao ministério episcopal, concluído por volta de 202-203, talvez com o martírio.

Irineu é antes de tudo um homem de fé e Pastor. Do bom-pastor tem o senso da medida, a riqueza da doutrina, o fervor missionário. Como escritor, persegue um duplo objetivo: defender a verdadeira doutrina contra os ataques dos hereges e expor com clareza a verdade da fé. A esses objetivos correspondem exatamente as duas obras que dele nos restam: os cinco livros *Contra as Heresias* e a *Exposição da Pregação Apostólica* (que também pode ser chamada de o mais antigo "catecismo da doutrina cristã"). Em suma, Irineu pode ser considerado o campeão da luta contra as heresias.

A Igreja do século II estava ameaçada pela chamada *gnose*, uma doutrina que afirmava que a fé ensinada na Igreja seria apenas um simbolismo para os ingênuos, que não são capazes de compreender coisas difíceis; ao contrário, os iniciados, os intelectuais – *gnósticos*, assim se chamavam – teriam compreendido tudo o que está por trás desses símbolos, e assim teriam formado um cristianismo elitista, intelectualista.

Obviamente, esse cristianismo intelectualista fragmentava-se cada vez mais em diversas correntes com ideias em geral estranhas e extravagantes, mas atraentes para muitos. Um elemento comum dessas diversas correntes era o dualismo, isto é, negava-se a fé no único Deus Pai de todos, Criador e Salvador do homem e do mundo. Para explicar o mal no mundo, afirmavam a existência, ao lado do Deus bom, de um princípio negativo. Esse princípio negativo teria produzido as coisas materiais, a matéria.

Baseando-se firmemente na doutrina bíblica da criação, Irineu refuta o dualismo e o pessimismo gnósticos que depreciavam as realidades corpóreas. Ele defendia decididamente a originária santidade da matéria, do corpo, da carne, não menos que a do espírito. Mas a sua obra vai muito além da refutação da heresia: pode-se dizer de fato que ele se apresenta como o primeiro grande teólogo da Igreja, que criou a teologia sistemática; ele mesmo fala do sistema da teologia, isto é, da coerência interna de toda a fé.

No centro da sua doutrina está a questão da "Regra da fé" e da sua transmissão. Para Irineu, a "Regra da fé" coincide na prática com o *Credo* dos apóstolos, e nos dá a chave para interpretar o Evangelho. O Símbolo apostólico, que é uma espécie de síntese do Evangelho, ajuda-nos a compreender o que significa, como devemos ler o próprio Evangelho.

De fato, o Evangelho pregado por Irineu é o mesmo que ele recebeu de Policarpo, bispo de Esmirna, e o evangelho de Policarpo remonta ao apóstolo João, de quem Policarpo era discípulo. E assim o verdadeiro ensinamento não é o que foi inventado pelos intelectuais além da fé simples da Igreja. O verdadeiro Evangelho é o que foi transmitido pelos bispos, que o receberam dos apóstolos numa cadeia ininterrupta de sucessores. Os apóstolos não ensinaram nada além dessa fé simples, que é também a verdadeira profundidade da revelação de Deus. Assim – diz-nos Irineu – não existe uma doutrina secreta por trás do *Credo* comum da Igreja. Não existe um cristianismo superior para intelectuais.

A fé publicamente confessada pela Igreja é a fé comum de todos. Só essa fé é apostólica, vem dos apóstolos, isto é, de Jesus e de Deus. Aderindo a essa fé transmitida publicamente pelos apóstolos aos seus sucessores, os cristãos devem observar o que os bispos dizem, devem considerar especialmente o ensinamento da Igreja de Roma, preeminente e antiquíssima. Essa Igreja, devido à sua antiguidade, tem a maior apostolicidade, na verdade origina-se nas colunas do Colégio apostólico, Pedro e Paulo.

Com a Igreja de Roma devem estar em sintonia todas as Igrejas, reconhecendo nela a medida da verdadeira tradição apostólica, da única fé comum da Igreja. Com esses argumentos, aqui resumidos muito brevemente, Irineu refuta desde os fundamentos as pretensões desses gnósticos, desses intelectuais: em primeiro lugar, eles não possuem uma verdade que seria superior à da fé comum, porque o que dizem não é de origem apostólica, é inventado por eles; em segundo lugar, a verdade e a salvação não são privilégio e monopólio de poucos, mas todos podem alcançá-las através da pregação dos sucessores dos apóstolos, e principalmente do Bispo de Roma. Em particular – sempre polemizando com o caráter "secreto" da tradição gnóstica e observando os seus numerosos êxitos entre si contraditórios – Irineu preocupa-se em ilustrar o verdadeiro conceito de Tradição apostólica, que podemos sintetizar em três pontos.

*a*) A Tradição apostólica é "pública", não privada ou secreta. Para Irineu não há dúvida nenhuma de que o conteúdo da fé transmitida pela Igreja é o recebido dos apóstolos e de Jesus, do Filho de Deus. Não existe outro ensinamento além desse. Portanto, quem quer conhecer a verdadeira doutrina basta que conheça "a Tradição que vem dos apóstolos e a fé anunciada aos homens": Tradição e fé que "chegaram até nós através da sucessão dos bispos" (*Contra as Heresias* 3,3,3-4). Assim, sucessão dos bispos – princípio pessoal – e Tradição apostólica – princípio doutrinário – coincidem.

*b*) A Tradição apostólica é "única". Enquanto o gnosticismo subdivide-se em múltiplas seitas, a Tradição da Igreja é única nos seus conteúdos fundamentais, que – como vimos – Irineu chama justamente de *regula fidei* ou *veritatis*: e assim, porque é única, cria unidade através dos povos, através das diferentes culturas, através dos diversos povos; é um conteúdo comum como a verdade, apesar da diversidade das línguas e das culturas. Há uma frase muito preciosa de Santo Irineu no primeiro livro de *Contra as Heresias*: "A Igreja, apesar de estar espalhada por todo o mundo, guarda com solicitude [a fé dos apóstolos], como se habitasse numa casa só; do mesmo modo crê nessas verdades, como se tivesse uma só alma e um só coração; em plena sintonia com essas verdades, proclama, ensina e transmite, como se tivesse uma só boca.

As línguas do mundo são diversas, mas o poder da Tradição é único e o mesmo: as Igrejas fundadas nas Germânias não receberam nem transmitem uma fé diferente, nem as fundadas nas Espanhas ou entre os celtas ou nas regiões orientais ou no Egito ou na Líbia ou no centro do mundo" (1,10,1-2). Vê-se já nesse momento, estamos por volta do ano 200, a universalidade da Igreja, a sua catolicidade e a força unificadora da verdade, que une essas realidades tão diversas, da Germânia à Espanha, à Itália, ao Egito, à Líbia, na comum verdade revelada por Cristo.

*c*) Por fim, a Tradição apostólica é – como ele diz na língua grega em que escreveu seu livro – "pneumática", isto é, guiada pelo Espírito Santo (em grego, "espírito" é *pneuma*). Não se trata, na verdade, de uma transmissão confiada à habilidade de homens mais ou menos doutos, mas ao Espírito de Deus, que garante a fidelidade da transmissão da fé. É esta a "vida" da Igreja, o que torna a Igreja sempre vigorosa e jovem, isto é, fecunda em inúmeros carismas.

Para Irineu, Igreja e Espírito são inseparáveis: "Esta fé", lemos ainda no terceiro livro de *Contra as Heresias*, "nós a recebemos da Igreja e a conservamos com cuidado: a fé, por obra do Espírito de Deus, como um depósito precioso guardado num vaso de grande valor, renova-se sempre e faz renovar também o vaso que a contém (...). Onde está a Igreja, ali está o Espírito de Deus; e onde está o Espírito de Deus, ali está a Igreja e toda graça" (3,24,1).

Como se vê, Irineu não se limita a definir o conceito de Tradição. A Tradição de que ele fala, bem diferente do tradicionalismo, é uma Tradição sempre internamente vivificada pelo Espírito Santo, que a faz viver e a faz ser corretamente compreendida pela Igreja. Segundo o seu ensinamento, a fé da Igreja deve ser transmitida de modo que apareça como deve ser, isto é, "pública", "única", "pneumática", "espiritual". A partir de cada uma dessas características podemos realizar um frutuoso discernimento sobre a autêntica transmissão da fé no *hoje* da Igreja. De modo mais geral, na doutrina de Irineu a dignidade do homem, corpo e alma, está firmemente ancorada na criação divina, na imagem de Cristo e na obra permanente de santificação do Espírito. Essa doutrina é como uma "via mestra" para esclarecer junto com todas as pessoas de boa vontade o objeto e os confins do diálogo sobre os valores, e para dar um impulso sempre novo à ação missionária da Igreja, à força da verdade, que é a fonte de todos os verdadeiros valores do mundo.

*(Audiência geral, 28 de março de 2007, Praça São Pedro)*

# SÃO CLEMENTE DE ALEXANDRIA

*Queridos irmãos e irmãs,*

depois do período das festas, voltamos às catequeses normais, ainda que visivelmente, na Praça, ainda seja festa. Com as catequeses, retomamos a sequência antes iniciada. Falamos inicialmente dos Doze Apóstolos, depois dos discípulos dos apóstolos, e agora das grandes personalidades da Igreja nascente, da Igreja antiga. No último encontro, falamos de Santo Irineu de Lião, hoje abordamos São Clemente de Alexandria, um grande teólogo que nasceu provavelmente em Atenas em meados do século II. De Atenas herdou aquele acentuado interesse pela filosofia que o teria transformado num dos pioneiros do diálogo entre fé e razão na tradição cristã. Ainda jovem, chegou a Alexandria, a "cidade-símbolo" daquele cruzamento fecundo entre culturas diversas que caracterizou a idade helenística. Lá foi discípulo de Panteno, até sucedê-lo na direção da escola catequética. Numerosas fontes atestam que foi ordenado presbítero. Durante a perseguição de 202-203, abandonou Alexandria para refugiar-se em Cesareia, na Capadócia, onde faleceu por volta de 215.

As obras mais importantes que dele nos restam são três: o *Protréptico*, o *Pedagogo* e os *Stromata*. Mesmo parecendo não ser esta a intenção original do autor, é uma realidade que esses escritos constituem uma verdadeira trilogia, destinada a acompanhar eficazmente a maturação espiritual do cristão. O *Protréptico*, como diz o próprio termo, é uma "exortação" dirigida a quem inicia e procura o caminho da fé. Melhor ainda, o *Protréptico* coincide com uma Pessoa: o Filho de Deus, Jesus

Cristo, que se faz "exortador" dos homens para que tomem com determinação o caminho que conduz à Verdade.

O mesmo Jesus Cristo se torna depois *Pedagogo*, isto é, "educador" daqueles que, em virtude do batismo, já se tornaram filhos de Deus. O mesmo Jesus Cristo, por fim, é também *Didascalo*, isto é, "mestre" que propõe os ensinamentos mais profundos. Estes estão reunidos na terceira obra de Clemente, os *Stromata*, palavra grega que significa "tapeçarias": trata-se de fato de uma composição não sistemática de vários assuntos, fruto direto do ensinamento habitual de Clemente.

No seu conjunto, a catequese clementina acompanha passo a passo o caminho do catecúmeno e do batizado para que, com as duas "asas" da fé e da razão, eles alcancem um conhecimento íntimo da Verdade, que é Jesus Cristo, o Verbo de Deus. Só o conhecimento da Pessoa que é a Verdade é a "verdadeira *gnose*", palavra grega que significa "conhecimento", "inteligência". É o edifício construído pela razão sob o impulso de um princípio sobrenatural. A fé mesma constrói a verdadeira filosofia, isto é, a verdadeira conversão no caminho a tomar na vida. Portanto, a autêntica "gnose" é um desenvolvimento da fé, suscitado por Jesus Cristo na alma unida a Ele.

Clemente distingue em seguida dois níveis da vida cristã. Primeiro nível: os cristãos crentes que vivem a fé de modo comum, mas também sempre aberta aos horizontes da santidade. E o segundo: os "gnósticos", isto é, os que já vivem uma vida de perfeição espiritual. Em cada caso, o cristão deve partir da base comum da fé, e através de um caminho de busca, deve deixar-se guiar por Cristo e assim chegar ao conhecimento da Verdade e das verdades que constituem o conteúdo da fé. Esse conhecimento, diz Clemente, torna-se na alma uma realidade viva: não é só uma teoria, é uma força de vida, é uma união de amor que transforma. O conhecimento de Cristo não é só pensamento, mas é amor que abre os olhos, transforma o homem e gera comunhão com o *Logos*, com o Verbo divino que é Verdade e Vida. Nessa comunhão, que é o perfeito conhecimento e é amor, o cristão alcança a contemplação, a unificação com Deus.

Clemente retoma no final a doutrina segundo a qual o fim último do homem é tornar-se semelhante a Deus. Somos criados à imagem e semelhança de Deus, mas isso é ainda um desafio, um caminho; com efeito, o propósito da vida, o destino último é verdadeiramente tornar-nos semelhantes a Deus. Isso é possível graças à conaturalidade com Ele, que o homem recebeu no momento da criação, pelo que ele já é de per si imagem de Deus.

Essa conaturalidade permite conhecer as realidades divinas, às quais o homem adere antes de tudo pela fé e, através da fé vivida, da prática da virtude, pode crescer até a contemplação de Deus. Assim, no caminho da perfeição, Clemente atribui ao requisito moral a mesma importância que atribui ao intelectual. Os dois requisitos andam juntos, porque não se pode conhecer sem viver e não se pode viver sem conhecer. A assimilação a Deus e a contemplação d'Ele não podem ser alcançadas unicamente com o conhecimento racional: para isso é necessária uma vida segundo o *Logos*, uma vida segundo a Verdade. E como consequência, as boas obras devem acompanhar o conhecimento intelectual como a sombra segue o corpo.

Duas virtudes, principalmente, ornamentam a alma do "verdadeiro gnóstico". A primeira é a liberdade das paixões (*apátheia*); a segunda é o amor, a verdadeira paixão, que garante a união íntima com Deus. O amor dá a paz perfeita, e propicia "ao verdadeiro gnóstico" condições de enfrentar os maiores sacrifícios, também o sacrifício supremo no seguimento de Cristo, e o faz subir de degrau em degrau até o vértice das virtudes. Assim o ideal ético da filosofia antiga, isto é, a libertação das paixões, é redefinido e conjugado por Clemente com o amor, no processo incessante de assimilação a Deus.

Desse modo o alexandrino constrói a segunda grande ocasião de diálogo entre o anúncio cristão e a filosofia grega. Sabemos que São Paulo, no Areópago em Atenas, onde Clemente nasceu, havia feito a primeira tentativa de diálogo com a filosofia grega – e em grande parte havia falhado –, mas haviam-lhe dito: "Vamos ouvir-te outra vez." Agora Clemente retoma esse diálogo e o eleva ao mais alto nível na tradição filosófica grega. Como escreveu o meu venerado predecessor João Paulo II na encíclica *Fides et Ratio*, o alexandrino chega a interpretar a filosofia como "uma instrução propedêutica à fé cristã" (n. 38). E, de fato, Clemente chegou a ponto de sustentar que Deus teria dado a filosofia aos gregos "como um Testamento deles mesmos" (*Strom.* 6,8,67,1).

Para ele a tradição filosófica grega, quase como a Lei para os hebreus, é âmbito de "revelação", são dois riachos que, em síntese, se dirigem ao próprio *Logos*. Assim Clemente continua a indicar com decisão o caminho de quem pretende "dar razão" da própria fé em Jesus Cristo. Ele pode servir de exemplo aos cristãos, aos catequistas e aos teólogos do nosso tempo, aos quais João Paulo II, na mesma encíclica, recomendava "recuperar e evidenciar o melhor possível a dimensão metafísica da verdade, para entrar assim num diálogo crítico e exigente... com o pensamento filosófico contemporâneo" (n. 105).

Concluímos fazendo nossas algumas expressões da célebre "oração a Cristo *Logos*", com a qual Clemente encerra o seu *Pedagogo*. Ele suplica: "Sê propício aos teus filhos"; "concede-nos viver na tua paz, ser transferidos para a tua cidade, atravessar sem sermos submersos as vagas do pecado, ser transportados em tranquilidade pelo Espírito Santo e pela Sabedoria inefável: nós, que de noite e de dia, até o último dia cantamos um cântico de agradecimento ao único Pai, (...) ao Filho pedagogo e mestre, junto com o Espírito Santo. Amém!" (3,12,101).

*(Audiência geral, 18 de abril de 2007, Praça São Pedro)*

# ORÍGENES DE ALEXANDRIA

## *I: VIDA E OBRAS*

*Queridos irmãos e irmãs,*

nas nossas meditações sobre as grandes personalidades da Igreja antiga, chegamos hoje a uma das mais relevantes. Orígenes de Alexandria é realmente uma das personalidades determinantes de todo o desenvolvimento do pensamento cristão. Ele recebe a herança de Clemente de Alexandria, sobre quem meditamos quarta-feira passada, e a projeta para o futuro de maneira tão inovadora a ponto de imprimir uma mudança irreversível ao desenvolvimento do pensamento cristão.

Ele foi um verdadeiro "mestre", e assim lembravam-se dele seus alunos, com saudade e intensa emoção: não só um brilhante teólogo, mas um testemunho exemplar da doutrina que transmitia. "Ele ensinou", escreve Eusébio de Cesareia, seu entusiasta biógrafo, "que a conduta deve corresponder exatamente à palavra, e foi sobretudo por isso que, ajudado pela graça de Deus, induziu muitos a imitá-lo" (*Hist. Ecl.* 6,3,7).

Uma aspiração incessante ao martírio impregnou toda a sua vida. Ele tinha 17 anos quando, no décimo ano do imperador Sétimo Severo, irrompeu em Alexandria a perseguição contra os cristãos. Clemente, seu mestre, abandonou a cidade, e o pai de Orígenes, Leônidas, foi encarcerado. Seu filho almejava ardentemente o martírio, mas não pôde realizar esse desejo. Então escreveu ao pai, exortando-o a não desistir do testemunho supremo da fé. E quando Leônidas foi decapitado, o jovem Orígenes sentiu que devia acolher o exemplo da sua vida.

Quarenta anos mais tarde, enquanto pregava em Cesareia, fez esta confissão: "De nada me aproveita ter tido um pai mártir, se não tenho um bom comportamento e não honro a nobreza da minha estirpe, isto é, o martírio do meu pai e o testemunho que o tornou ilustre em Cristo" (*Hom. sobre Ezequiel* 4,8). Numa homilia seguinte – quando, graças à extrema tolerância do imperador Filipe, o Árabe, parecia já dissipada a possibilidade de um testemunho cruento – Orígenes exclama: "Se Deus me concedesse ser lavado no meu sangue, de modo a receber o segundo batismo tendo aceito a morte por Cristo, eu me afastaria seguro deste mundo (...). Mas são bem-aventurados os que merecem essas coisas" (*Hom. sobre Juízes* 7,12). Essas expressões revelam toda a nostalgia de Orígenes pelo batismo de sangue. E finalmente esse anseio irresistível foi atendido, pelo menos em parte. No ano 250, durante a perseguição de Décio, Orígenes foi preso e torturado cruelmente. Exaurido pelos sofrimentos suportados, morreu em 254, sem ter chegado aos 70 anos.

Mencionamos aquela "mudança irreversível" que Orígenes imprimiu à história da teologia e do pensamento cristão. Mas em que consiste essa "mudança", essa novidade tão cheia de consequências? Ela corresponde substancialmente à fundação da teologia na explicação das Escrituras. Fazer teologia era para ele essencialmente explicar, compreender a Escritura; ou poderíamos também dizer que a sua teologia é a perfeita simbiose entre teologia e exegese.

Na verdade, a marca característica da doutrina origeniana parece estar justamente no convite incessante a passar da letra ao espírito das Escrituras, para progredir no conhecimento de Deus. E esse chamado "alegorismo", escreveu von Balthasar, coincide precisamente "com o desenvolvimento do dogma cristão realizado pelo ensinamento dos doutores da Igreja", os quais – de um modo ou de outro – assimilaram a "lição" de Orígenes. Assim, a tradição e o magistério, fundamento e garantia da busca teológica, chegam a configurar-se como "Escritura em ato" (cf. Orígenes, *Il Mundo, Cristo e La Chiesa*, trad. it., Milão, 1972, p. 43).

Por isso, podemos afirmar que o núcleo central da imensa obra literária de Orígenes consiste na sua "tríplice leitura" da Bíblia. Mas antes de ilustrar essa "leitura", convém lançar um olhar de conjunto à produção literária do alexandrino. Na sua *Epístola* 33, São Jerônimo relaciona os títulos de 320 livros e de 310 homilias de Orígenes. Infelizmente, a maior parte dessa obra perdeu-se, mas mesmo o pouco que resta faz dele o autor mais prolífico dos primeiros três séculos cristãos. O seu raio de interesses se estende da exegese ao dogma, à filosofia, à apologética, à ascética e à mística. É uma visão fundamental e global da vida cristã.

O núcleo inspirador dessa obra é, como mencionamos, a "tríplice leitura" das Escrituras desenvolvida por Orígenes ao longo da sua vida. Com essa expressão queremos aludir às três modalidades mais importantes – não sucessivas uma à outra, mas com mais frequência sobrepostas – com as quais Orígenes se dedicou ao estudo das Escrituras. Antes de tudo, ele leu a Bíblia com a intenção de examinar ao máximo o texto e de oferecer a edição mais fidedigna. Este é o primeiro passo: conhecer realmente o que está escrito e o que essa Escritura pretendia intencional e inicialmente dizer.

Com esse objetivo, procedeu a um estudo extenso e organizou uma edição da Bíblia com seis colunas paralelas, da esquerda para a direita, com o texto hebraico em caracteres hebraicos – manteve também contatos com os rabinos para compreender bem o texto original hebraico da Bíblia –, depois o texto hebraico transliterado em caracteres gregos e em seguida quatro traduções diferentes em língua grega, que lhe permitiam comparar as diversas possibilidades de tradução. Daí o título *Hexapla* ("seis colunas") atribuído a essa imensa sinopse. Este é o primeiro ponto: conhecer exatamente o que está escrito, o texto como tal.

Em segundo lugar, Orígenes leu a Bíblia sistematicamente com os seus célebres *Comentários*. Estes reproduzem fielmente as explicações que o mestre oferecia durante as aulas, tanto em Alexandria como em Cesareia. Orígenes procede quase versículo a versículo, de modo minucioso, amplo e aprofundado, com notas de natureza filológica e doutrinária. Ele trabalha com grande rigor para conhecer bem o que os autores sagrados queriam dizer.

Por fim, mesmo antes da sua ordenação sacerdotal, Orígenes dedicou-se intensamente à pregação da Bíblia, adaptando-se a um público muito variado. Em todo caso, observa-se também nas *Homilias* o mestre, totalmente dedicado à interpretação sistemática da perícope em exame, pouco a pouco fracionada nos sucessivos versículos. Também nas *Homilias* Orígenes aproveita todas as ocasiões para lembrar as diversas dimensões do sentido da Sagrada Escritura que ajudam ou exprimem um caminho no crescimento da fé: há o sentido "literal", mas este encobre profundezas que não aparecem num primeiro momento; a segunda dimensão é o sentido "moral", isto é, o que devemos fazer vivendo a Palavra; e por fim o sentido "espiritual", ou seja, a unidade da Escritura que em todo o seu desenvolvimento fala de Cristo.

É o Espírito Santo que nos faz compreender o conteúdo cristológico e assim a unidade da Escritura na sua diversidade. Seria interessante mostrar isto. No meu livro "Jesus de Nazaré", tentei um pouco mostrar na situação de hoje essas múltiplas dimensões da Palavra, da Sagrada Escritura, que primeiro deve ser respeitada exatamente no sentido histórico. Mas esse sentido nos eleva a Cristo, na luz do Espírito Santo, e nos mostra o caminho, como viver. Encontramos referência a isso, por exemplo, na nona *Homilia sobre Números*, onde Orígenes compara a Escritura com a noz: "Assim é a doutrina da Lei e dos Profetas na escola de Cristo", afirma o homiliasta; "amarga é a letra, que é como a casca; em segundo lugar chegarás à semente, que é a doutrina moral; em terceiro lugar encontrarás o sentido dos mistérios, do qual se alimentam as almas dos santos na vida presente e na futura" (9,7).

Desse modo, principalmente, Orígenes consegue promover eficazmente a "leitura cristã" do Antigo Testamento, contestando de maneira brilhante o desafio daqueles hereges – sobretudo gnósticos e marcionistas – que opunham um ao outro os dois Testamentos a ponto de rejeitar o Antigo. A esse propósito, na mesma *Homilia sobre Números*, o alexandrino afirma: "Não chamo a Lei um 'Antigo Testamento', se a compreendo no Espírito. A Lei se torna um 'Antigo Testamento' apenas para aqueles que querem compreendê-la carnalmente", isto é, detendo-se na letra do texto. Mas "para nós, que a compreendemos e a aplicamos no Espírito e no sentido do Evangelho, a Lei é sempre nova, e os dois Testamentos são para nós um novo Testamento, não por causa da data temporal, mas da novidade do sentido (...). Ao contrário, para o pecador e para os que não respeitam o pacto da caridade, também os Evangelhos envelhecem" (9,4).

Convido a vós todos – e assim concluo – a acolher no vosso coração o ensinamento deste grande mestre na fé. Ele nos lembra com íntimo entusiasmo que, na leitura-oração da Escritura e no compromisso coerente da vida, a Igreja sempre se renova e rejuvenesce. A Palavra de Deus, que nunca envelhece e nunca se exaure, é meio privilegiado para esse fim. É de fato a Palavra de Deus que, por obra do Espírito Santo, nos guia sempre de novo à verdade plena (Cf. Bento XVI, *Aos participantes do Congresso Internacional no XL aniversário da Constituição Dogmática "Dei Verbum"*, in: *Insegnamenti*, vol. I, 2005, pp. 552-53). E rezemos ao Senhor para que nos dê hoje pensadores, teólogos, exegetas que encontrem esta multidimensionalidade, esta atualidade permanente da Sagrada Escritura, a sua novidade para hoje. Rezemos para que o Senhor nos ajude a ler a Sagrada Escritura como oração, a alimentar-nos realmente do verdadeiro pão da vida, da sua Palavra.

*(Audiência geral, 25 de abril de 2007, Praça São Pedro)*

# ORÍGENES DE ALEXANDRIA

## *II: A DOUTRINA*

*Queridos irmãos e irmãs,*

a catequese de quarta-feira passada foi dedicada à grande figura de Orígenes, doutor alexandrino do século II-III. Naquela catequese abordamos a vida e a produção literária do grande mestre, identificando na "tríplice leitura" da Bíblia, por ele conduzida, o núcleo dinamizador de toda a sua obra. Deixei de lado – para retomá-los hoje – dois aspectos da doutrina origeniana que considero entre os mais importantes e atuais: pretendo falar dos seus ensinamentos sobre a oração e sobre a Igreja.

Na verdade, Orígenes – autor de um importante e sempre atual tratado sobre *A Oração* – entrelaça constantemente a sua produção exegética e teológica com experiências e sugestões relacionadas à oração. Não obstante toda a riqueza teológica do pensamento, a sua abordagem nunca é puramente acadêmica; está sempre fundamentada sobre a experiência da oração, do contato com Deus. Da perspectiva de Orígenes, com efeito, a compreensão das Escrituras requer, ainda mais que o estudo, intimidade com Cristo e a oração. Ele está convencido de que o caminho privilegiado para conhecer Deus é o amor, e que não é possível uma verdadeira *scientia Christi* sem o desenvolvimento de uma verdadeira paixão por Ele.

Na *Carta a Gregório*, Orígenes recomenda: "Dedica-te à *lectio* das divinas Escrituras; aplica-te a isto com perseverança. Empenha-te na *lectio* com a intenção de crer e de agradar a Deus. Se durante a *lectio* te encontrares diante de uma porta fechada, bate; abri-la-á aquele guardião do qual Jesus disse: 'O guardião a abrirá.' Aplicando-te assim à *lectio divina*, procura com lealdade e confiança inabalável em Deus o sentido das Escrituras divinas, que nelas se oculta com grande amplidão. Não deves, porém, contentar-te em bater e procurar: para compreender as coisas de Deus é absolutamente necessária a *oratio*. Justamente para nos exortar a ela o Salvador nos disse não só: 'Procurai e achareis', e 'Batei e abrir-se-vos-á', mas ainda: 'Pedi e recebereis'"(4). Salta imediatamente à vista o "papel primordial" exercido por Orígenes na história da *lectio divina*. O bispo Ambrósio de Milão – que aprenderá a ler as Escrituras pelas obras de Orígenes – introduzi-la-á depois no Ocidente, para entregá-la a Agostinho e à tradição monástica subsequente.

Como já dissemos, o mais alto nível do conhecimento de Deus, segundo Orígenes, brota do amor. É assim também entre os homens: um só conhece realmente em profundidade o outro se existe amor, se se abrem os corações. Para demonstrar isso, ele se baseia em um significado às vezes atribuído ao verbo *conhecer* em hebraico, isto é, quando é utilizado para exprimir o ato do amor humano: "Adão conheceu Eva, sua mulher, que concebeu" (*Gn* 4,1). Assim é sugerido que a união no amor leva ao conhecimento mais verdadeiro. Como o homem e a mulher são "dois numa só carne", assim Deus e o crente tornam-se "dois num mesmo espírito". Desse modo a oração do alexandrino chega aos níveis mais elevados da mística, como confirmam suas *Homilias sobre o Cântico dos Cânticos*. Vem a propósito uma passagem da primeira *Homilia*, onde Orígenes confessa: "Muitas vezes – Deus é minha testemunha – senti que o Esposo se aproximava de mim ao máximo; depois afastava-se de repente, e eu não conseguia encontrar o que procurava. Novamente sinto o desejo da sua vinda, e por vezes ele volta, e quando me aparece, quando o tenho entre as mãos, eis que de novo me foge, e uma vez desaparecido, ponho-me novamente a procurá-lo..." (1,7).

Volta à mente o que o meu venerado predecessor escrevia, como autêntica testemunha, na *Novo millennio ineunte*, onde mostrava aos fiéis "como a oração pode progredir, como verdadeiro e próprio diálogo de amor, até tornar a pessoa humana totalmente possuída pelo Amado divino, vibrante ao toque do Espírito, filialmente abandonada no coração do Pai (...). Trata-se", prosseguia João Paulo II, "de um caminho totalmente sustentado pela graça, que pede, no entanto, um forte compromisso espiritual e conhece também purificações dolorosas, mas que chega, em diferentes formas possíveis, à indizível alegria vivida pelos místicos como 'união esponsal'" (n. 33).

Chegamos, por fim, a um ensinamento de Orígenes sobre a Igreja, e precisamente – no interior desta – sobre o sacerdócio comum dos fiéis. De fato, como o alexandrino afirma na sua nona *Homilia sobre o Levítico*, "este discurso diz respeito a todos nós" (9,1). Na mesma *Homilia*, Orígenes – referindo-se à proibição feita a Aarão, depois da morte dos seus dois filhos, de entrar no *Sancta Santorum* "em momento algum" (*Lv* 16,2) – assim admoesta os fiéis: "Daí se demonstra que se alguém entra a qualquer momento no santuário, sem a devida preparação, não revestido das vestes pontificiais, sem ter preparado as oferendas prescritas e ter tornado Deus propício, morrerá (...)".

"Este discurso diz respeito a todos nós. Ordena de fato que saibamos como aproximar-nos do altar de Deus. Ou não sabes que também a ti, isto é, a toda a Igreja de Deus e ao povo dos crentes, foi conferido o sacerdócio? Ouve como Pedro fala dos fiéis: 'Mas vós sois uma raça eleita, um sacerdócio real, uma nação santa, o povo de sua particular propriedade'. Tens, portanto, o sacerdócio porque és 'raça sacerdotal', e por isso deves oferecer a Deus o sacrifício (...). Mas para que possas oferecê-lo dignamente, tens necessidade de vestes puras e distintas das vestes comuns dos outros homens, e te é necessário o fogo divino" (*ibid.*).

Assim, por um lado, os "rins cingidos" e as "vestes sacerdotais", isto é, a pureza e a honestidade da vida, e por outro, "candeia sempre acesa", isto é, a fé e a ciência das Escrituras, configuram-se como as condições indispensáveis para o exercício do sacerdócio universal, que exige pureza e honestidade de vida, fé e ciência das Escrituras. Com maior razão tais condições são indispensáveis, evidentemente, para o exercício do sacerdócio ministerial.

Essas condições – de comportamento íntegro de vida, mas principalmente de acolhimento e de estudo da Palavra – estabelecem uma verdadeira e própria "hierarquia da santidade" no sacerdócio comum dos cristãos. No vértice desse caminho de perfeição, Orígenes coloca o martírio. Sempre na nona *Homilia sobre o Levítico*, ele alude ao "fogo para o holocausto", isto é, à fé e à ciência das Escrituras, que nunca deve extinguir-se sobre o altar de quem exerce o sacerdócio.

Depois acrescenta: "Mas cada um de nós tem em si" não só o fogo; tem "também o holocausto, e do seu holocausto acende o altar, para que arda sempre. Eu, se renuncio a tudo o que possuo e tomo a minha cruz e sigo Cristo, ofereço o meu holocausto no altar de Deus; e se eu entregar o meu corpo para que arda, tendo a caridade, e conseguir a glória do martírio, ofereço o meu holocausto no altar de Deus" (9,9).

Este incessante caminho de perfeição "diz respeito a todos nós", desde que "o olhar do nosso coração" esteja voltado à contemplação da Sabedoria e da Verdade, que é Jesus Cristo. Pregando sobre o discurso de Jesus em Nazaré – quando "os olhos de todos na sinagoga estavam fixos nele" (*Lc* 4,16-30) – Orígenes parece dirigir-se exatamente a nós: "Também hoje, se quiseres, nesta assembleia os teus olhos podem fixar o Salvador. Quando realmente voltares o olhar mais profundo do coração para a contemplação da Sabedoria, da Verdade e do Filho único de Deus, então os teus olhos verão a Deus. Feliz assembleia aquela da qual a Escritura afirma que os olhos de todos estavam fixos nele! Muito desejaria eu que esta assembleia recebesse um testemunho semelhante, que os olhos de todos, dos não batizados e dos fiéis, das mulheres, dos homens e das crianças, não os olhos do corpo, mas os da alma, contemplassem Jesus! (...). Impressa em nós está a luz do teu rosto, ó Senhor, a quem pertencem a gloria e o poder nos séculos dos séculos. Amém!" (*Homilia sobre o Evangelho de Lucas* 32,6).

*(Audiência geral, 2 de maio de 2007, Praça São Pedro)*

# TERTULIANO

*Queridos irmãos e irmãs,*

com a catequese de hoje, retomamos a série das catequeses interrompida por ocasião da viagem ao Brasil e continuamos a falar das grandes personalidades da Igreja antiga: são mestres da fé também para nós hoje e testemunhos da perene atualidade da fé cristã. Hoje falamos de um africano, Tertuliano, que entre o final do século II e o início do século III inaugura a literatura cristã em língua latina. Com ele tem início uma teologia nessa língua. A sua obra produziu frutos decisivos, que seria imperdoável subestimar. A sua influência desenvolve-se em diversos planos: desde os da linguagem e da recuperação da cultura clássica até os da caracterização de uma "alma cristã" comum no mundo e da formulação de novas propostas de convivência humana.

Não conhecemos com exatidão as datas do seu nascimento e da sua morte. Sabemos, porém, que em Cartago, pelo final do século II, recebeu de pais e de professores pagãos uma sólida formação retórica, filosófica, jurídica e histórica. Converteu-se depois ao cristianismo, atraído – como tudo indica – pelo exemplo dos mártires cristãos. Começou a publicar as suas obras mais famosas em 197. Mas uma busca demasiado individual da verdade, associada às intemperanças do caráter – era um homem rigoroso –, aos poucos o levaram a deixar a comunhão com a Igreja e a aderir à seita do montanismo. No entanto, a originalidade do pensamento unida à incisiva eficácia da linguagem garantem-lhe uma posição eminente na literatura cristã antiga.

São famosos sobretudo os seus escritos de caráter apologético. Esses manifestam duas intenções principais: a de refutar as gravíssimas acusações que os pagãos lançavam contra a nova religião, e a outra – mais propositiva e missionária –, de comunicar a mensagem do Evangelho em diálogo com a cultura do tempo.

A sua obra mais conhecida, o *Apologético*, denuncia o comportamento injusto das autoridades políticas em relação à Igreja; explica e defende os ensinamentos e os costumes dos cristãos; caracteriza as diferenças entre a nova religião e as principais correntes filosóficas do tempo; manifesta o triunfo do Espírito, que à violência dos perseguidores opõe o sangue, o sofrimento e a paciência dos mártires: "Por mais requintada que seja – escreve o africano – de nada serve a vossa crueldade: aliás, para a nossa comunidade, ela é um convite. A cada golpe de foice que desferis nos tornamos mais numerosos: o sangue dos cristãos é uma semente eficaz! (*semen est sanguis christianorum!*)" (*Apologético* 50,13). O martírio e o sofrimento pela verdade são no final vitoriosos e mais eficazes do que a crueldade e a violência dos regimes totalitários.

Mas Tertuliano, como todo bom apologista, exorta ao mesmo tempo à necessidade de comunicar positivamente a essência do cristianismo. Para isso ele adota o método especulativo para ilustrar os fundamentos racionais do dogma cristão. Aprofunda-os de modo sistemático, a começar pela descrição do "Deus dos cristãos": "Aquele que nós adoramos – afirma o apologista – é um Deus único." E prossegue, empregando as antíteses e os paradoxos característicos da sua linguagem: "Ele é invisível, mesmo se o vemos; inapreensível, mesmo se está presente por meio da graça; inconcebível, mesmo se os sentidos humanos podem concebê-lo; por isso é verdadeiro e grande!" (*ibid.* 17,1-2).

Além disso, Tertuliano dá um grande passo no desenvolvimento do dogma trinitário; deu-nos em latim a linguagem adequada para expressar esse grande mistério, introduzindo os termos "uma substância" e "três

Pessoas". De modo semelhante, desenvolveu muito também a linguagem correta para expressar o mistério de Cristo Filho de Deus e verdadeiro Homem.

O africano trata também do Espírito Santo, demonstrando o seu caráter pessoal e divino: "Cremos que, segundo a sua promessa, Jesus Cristo enviou por meio do Pai o Espírito Santo, o Paráclito, o santificador da fé daqueles que creem no Pai, no Filho e no Espírito" (*ibid*, 2,1). Ainda, nas obras do africano, podemos ler numerosos textos sobre a Igreja, que Tertuliano reconhece sempre como "Mãe".

Também depois de sua adesão ao *montanismo*, ele não esqueceu que a Igreja é a Mãe da nossa fé e da nossa vida cristã. Ele se detém também sobre o comportamento moral dos cristãos e sobre a vida futura. Os seus escritos são importantes também para identificar tendências vivas nas comunidades cristãs em relação a Maria Santíssima, aos sacramentos da Eucaristia, do Matrimônio e da Reconciliação, ao primado de Pedro, à oração (...).

De modo especial, naqueles tempos de perseguição em que os cristãos pareciam ser uma minoria perdida, o apologista os exorta à esperança, que – segundo os seus escritos – não é simplesmente uma virtude em si, mas uma modalidade que inspira cada aspecto da existência cristã. Temos a esperança de que o futuro seja nosso porque o futuro é de Deus. Assim a ressurreição do Senhor é apresentada como o fundamento da nossa ressurreição futura e representa o objeto principal da confiança dos cristãos: "A carne ressurgirá – afirma categoricamente o africano –: toda carne, exatamente a carne, a carne inteira. Onde quer que se encontre, ela está à espera perto de Deus, em virtude do fidelíssimo mediador entre Deus e os homens, Jesus Cristo, que restituirá Deus ao homem e o homem a Deus" (*A ressurreição dos mortos* 63,1).

Do ponto de vista humano, pode-se falar sem dúvida de um drama de Tertuliano. Com o passar dos anos, ele se tornou cada vez mais exigente com relação aos cristãos. Pretendia deles em todas as circunstâncias, e principalmente nas perseguições, um comportamento heroico.

Rígido nas suas posições, não poupava críticas severas, e inevitavelmente acabou isolado. De resto, também hoje continuam em aberto muitas questões, não só sobre o pensamento teológico e filosófico de Tertualiano, mas também sobre a sua atitude com relação às instituições políticas e à sociedade pagã. Esta grande personalidade moral e intelectual, este homem que deu uma grande contribuição ao pensamento cristão, faz-me pensar muito.

Vemos que no fim falta-lhe a simplicidade, a humildade de inserir-se na Igreja, de aceitar as suas fraquezas, de ser tolerante com os outros e consigo mesmo. Quando se vê só o próprio pensamento na sua grandeza, no fim é justamente essa grandeza que se perde. A característica essencial de um grande teólogo é a humildade de estar com a Igreja, de aceitar as suas e as próprias fraquezas, porque só Deus é realmente todo santo. Nós, ao contrário, temos sempre necessidade do perdão.

Por fim, o africano continua sendo uma testemunha interessante dos primeiros tempos da Igreja, quando os cristãos estavam para ser verdadeiros sujeitos de "nova cultura" no confronto próximo entre herança clássica e mensagem evangélica. É dele a célebre afirmação segundo a qual a nossa alma "é *naturaliter* cristã" (*Apologético* 17,6), em que Tertuliano evoca a perene continuidade entre os verdadeiros valores humanos e os valores cristãos; e também a sua outra reflexão, inspirada diretamente pelo Evangelho, segundo a qual "o cristão não pode odiar nem mesmo os próprios inimigos" (cf. *Apologético* 37), onde o aspecto moral, iniludível, da opção da fé, propõe a "não violência" como norma de vida: e não há quem não veja a dramática atualidade deste ensinamento, mesmo à luz do acalorado debate sobre as religiões.

Nos escritos do africano, enfim, encontram-se numerosos temas que ainda hoje somos chamados a enfrentar. Eles nos envolvem numa fecunda busca interior, à qual exorto todos os fiéis, para que saibamos expressar de maneira sempre mais convincente a *Regra da fé*, aquela – para voltar mais uma vez a Tertuliano – "segundo a qual cremos que existe um só Deus, e nenhum outro além do Criador do mundo: Ele tirou todas as coisas do nada por meio do seu Verbo, gerado antes de todas as coisas" (*A Prescrição dos Hereges* 13,1).

*(Audiência geral, 30 de maio de 2007, Praça São Pedro)*

# SÃO CIPRIANO

*Queridos irmãos e irmãs,*

na série das nossas catequeses sobre grandes personalidades da Igreja antiga, chegamos hoje a um excelente bispo africano do século III, São Cipriano, que "foi o primeiro bispo que na África conseguiu a coroa do martírio". Além desse fato, a sua fama – como atesta o diácono Pôncio, seu primeiro biógrafo – também se deve à produção literária e à atividade pastoral dos treze anos que transcorrem entre a sua conversão e o martírio (cf. *Vida* 19,1; 1,1).

Nascido em Cartago numa família pagã abastada, depois de uma juventude dissipada Cipriano converte-se ao cristianismo aos 35 anos de idade. Ele mesmo conta o seu itinerário espiritual: "Quando ainda me encontrava como numa noite escura", escreve alguns meses depois do batismo, "parecia-me extremamente difícil e penoso cumprir aquilo que a misericórdia de Deus me propunha (...). Eu estava preso aos muitos erros da minha vida passada, e não acreditava que podia libertar-me, tanto eu cedia aos vícios e favorecia os meus maus desejos (...). Mas depois, com a ajuda da água regeneradora, a miséria da minha vida precedente foi lavada; uma luz soberana difundiu-se no meu coração; um segundo nascimento restaurou-me num ser inteiramente novo. De modo maravilhoso começou então a dissipar-se toda dúvida (...). Eu compreendia claramente que era terreno o que antes vivia em mim, na escravidão dos vícios da carne, e era ao contrário divino e celeste o que o Espírito Santo já havia gerado em mim" (*A Donato* 3-4).

Logo depois da conversão, Cipriano – não sem atrair invejas e provocar resistências – é eleito para o ofício sacerdotal e para a dignidade episcopal. No breve período do seu episcopado, enfrenta as primeiras duas perseguições sancionadas por um édito imperial, a de Décio (250) e a de Valeriano (257-258).

Depois da perseguição particularmente cruel de Décio, o bispo precisou empenhar-se incansavelmente para restabelecer a disciplina na comunidade cristã. De fato, muitos fiéis haviam abjurado, ou de algum modo não haviam demonstrado uma atitude correta diante da provação. Eram os chamados *lapsi* – isto é, "caídos" – que desejavam ardentemente voltar a participar da comunidade.

O debate sobre a sua readmissão chegou a dividir os cristãos de Cartago em laxistas e rigoristas. A essas dificuldades é preciso acrescentar uma grave epidemia que assolou a África e gerou questionamentos teológicos angustiantes tanto no seio da comunidade quanto com relação aos pagãos. Por fim, é preciso lembrar a controvérsia entre Cipriano e o bispo de Roma, Estêvão, sobre a validade do batismo administrado aos pagãos por cristãos hereges.

Nessas circunstâncias realmente difíceis, Cipriano revelou grande aptidão administrativa: foi severo, mas não inflexível com os *lapsi*, concedendo-lhes a possibilidade do perdão depois de uma penitência exemplar; com relação a Roma, foi firme na defesa das tradições sadias da Igreja africana; foi muito humano e imbuído do mais verdadeiro espírito evangélico ao exortar os cristãos à ajuda fraterna aos pagãos durante a epidemia; soube manter a medida justa ao lembrar aos fiéis – demasiado temerosos de perder a vida e os bens terrenos – que para eles a verdadeira vida e os verdadeiros bens não são os deste mundo; foi inabalável ao combater os costumes corruptos e os pecados que devastavam a vida moral, principalmente a avareza. "Passava assim os seus dias", narra sobre esse ponto o diácono Pôncio, "quando eis que – por ordem do procônsul – chegou inesperadamente na sua casa o chefe de polícia" (*Vida* 15,1). Naquele dia o santo bispo foi preso, e depois de um breve interrogatório enfrentou corajosamente o martírio no meio do seu povo.

Cipriano compôs numerosos tratados e cartas, sempre ligados ao seu ministério pastoral. Pouco inclinado à especulação teológica, escrevia principalmente para a edificação da comunidade e para o bom comportamento dos fiéis.

De fato, a Igreja é o seu tema mais querido. Ele distingue entre *Igreja visível*, hierárquica, e *Igreja invisível*, mística, mas afirma com vigor que a Igreja é uma só, fundada sobre Pedro. Ele não se cansa de repetir que "quem abandona a cátedra de Pedro, sobre a qual está fundada a Igreja, engana-se de permanecer na Igreja" (*Sobre a unidade da Igreja católica* 4).

Cipriano está convencido, e o formulou com palavras incisivas, que "fora da Igreja não há salvação" (*Epístola* 4,4 e 73,21), e que "não pode ter Deus como Pai quem não tem a Igreja como Mãe" (*Sobre a unidade da Igreja católica* 4). Característica irrenunciável da Igreja é a unidade, simbolizada pela túnica de Cristo sem costuras (*ibid.*, 7): unidade da qual diz que encontra o seu fundamento em Pedro (*ibid.*, 4) e a sua realização perfeita na Eucaristia (*Epístola* 63,13). "Há um só Deus, um só Cristo", adverte Cipriano, "uma só é a sua Igreja, uma só fé, um só povo cristão, ligado em sólida unidade pelo cimento da concórdia: e não se pode separar o que é uno por natureza" (*Sobre a unidade da Igreja católica* 23).

Falamos do seu pensamento com relação à Igreja, mas não se deve descuidar, por fim, do ensinamento de Cipriano sobre a oração. Eu amo especialmente o seu livro sobre o Pai-Nosso, que me ajudou muito a compreender e a recitar melhor a "oração do Senhor": Cipriano ensina como justamente no Pai-Nosso é dado ao cristão o modo correto de rezar, e ressalta que essa oração está no plural, "para que quem reza não reze unicamente para si".

"A nossa oração – escreve – é pública e comunitária e, quando rezamos, não rezamos por um só, mas por todo o povo, porque com todo o povo somos uma coisa só" (*A oração do Senhor* 8). Assim oração pessoal e oração litúrgica estão fortemente ligadas entre si. Essa unidade provém do fato de que respondem à mesma Palavra de Deus. O cristão não diz "Pai *meu*", mas "Pai *nosso*", até no segredo do quarto fechado, porque sabe que em cada lugar, em cada circunstância, ele é membro de um mesmo Corpo.

"Rezemos, portanto, irmãos muito amados", escreve o bispo de Cartago, "como Deus, o Mestre, nos ensinou. É oração confidencial e íntima rezar a Deus com o que é seu, elevar aos seus ouvidos a oração de Cristo. Reconheça o Pai as palavras do seu Filho, quando dizemos uma oração: Aquele que habita interiormente no espírito esteja presente também na voz (...).

"Quando se reza, além disso, adote-se um modo de falar e de rezar que, com disciplina, se mantenha a calma e a discrição. Pensemos que estamos diante do olhar de Deus. Precisamos ser agradáveis aos olhos divinos tanto com a atitude do corpo como com a tonalidade da voz (...).

"E quando nos reunimos com os irmãos e celebramos os sacrifícios divinos com o sacerdote de Deus, devemos lembrar-nos do temor reverencial e da disciplina, não dispersar as nossas orações com vozes alteradas, nem fazer com tumultuosa verbosidade um pedido que deve ser dirigido a Deus com moderação, porque Deus ouve não a voz, mas o coração (*non vocis sed cordis auditor est*)" (3-4). São palavras que continuam válidas também hoje e nos ajudam a celebrar bem a sagrada liturgia.

Em suma, Cipriano está nas origens daquela fecunda tradição teológico-espiritual que vê no "coração" o lugar privilegiado da oração. Segundo a Bíblia e os Padres, de fato, o coração é o íntimo do homem, o lugar onde Deus habita. Nele se realiza aquele encontro no qual Deus fala ao homem, e o homem escuta a Deus; o homem fala a Deus, e Deus ouve o homem: tudo isso por meio da única Palavra divina. Precisamente neste sentido – ecoando Cipriano – Smaragdo, abade de São Miguel em Mosa nos primeiros anos do século IX, diz que a oração "é obra do coração, não dos lábios, porque Deus não olha as palavras, mas o coração de quem reza" (*O diadema dos monges* 1).

Caríssimos, façamos nosso este "coração em escuta", do qual nos falam a Bíblia (cf. 1 *Rs* 3,9) e os Padres: precisamos muito disso! Só assim poderemos sentir plenamente que Deus é o nosso Pai, e que a Igreja, a santa Esposa de Cristo, é verdadeiramente a nossa Mãe.

*(Audiência geral, 6 de junho de 2007, Praça São Pedro)*

# EUSÉBIO DE CESAREIA

*Queridos irmãos e irmãs,*

na história do cristianismo antigo é fundamental a distinção entre os primeiros três séculos e os séculos seguintes ao Concílio de Niceia de 325, o primeiro ecumênico. Quase como ponto de união entre os dois períodos estão a chamada "mudança constantiniana" e a paz da Igreja, como também a figura de Eusébio, bispo de Cesareia, na Palestina. Ele foi o expoente mais qualificado da cultura cristã do seu tempo em contextos muito diversos, da teologia à exegese, da história à erudição. Eusébio é conhecido principalmente como o primeiro historiador do cristianismo, mas foi também o maior filólogo da Igreja antiga.

Eusébio nasceu provavelmente em Cesareia, por volta do ano 260, precisamente onde Orígenes se refugiara, vindo de Alexandria, e onde havia fundado uma escola e uma grande biblioteca. Exatamente sobre esses livros formar-se-ia, algumas décadas mais tarde, o jovem Eusébio. Em 325, como bispo de Cesareia, ele participou do Concílio de Niceia no papel de protagonista. Ali ele subscreveu o *Credo* e a afirmação da divindade plena do Filho de Deus, por isso definido "da mesma substância" do Pai (*homooúsios tõ Patrí*).

É praticamente o mesmo *Credo* que recitamos todos os domingos na sagrada liturgia. Admirador sincero de Constantino, que havia dado a paz à Igreja, Eusébio por sua vez dedicou-lhe grande estima e consideração. Celebrou o imperador não só nas suas obras, mas também em discursos oficiais, pronunciados no vigésimo e no trigésimo aniversários de sua ascensão ao trono, e depois da morte, ocorrida em 337. Dois ou três anos mais tarde, também Eusébio faleceu.

Estudioso incansável, nos seus numerosos escritos Eusébio propõe-se a refletir e a analisar sobre três séculos de cristianismo, três séculos vividos sob perseguições, consultando extensamente fontes cristãs e pagãs conservadas sobretudo na grande biblioteca de Cesareia. Assim, não obstante a importância objetiva das suas obras apologéticas, exegéticas e doutrinárias, a fama imperecível de Eusébio permanece ligada em primeiro lugar aos dez livros da sua *História Eclesiástica.*

Ele foi o primeiro que escreveu uma história da Igreja, que continua fundamental graças às fontes postas por Eusébio à nossa disposição para sempre. Com sua *História* ele conseguiu salvar do esquecimento certo numerosos acontecimentos, personagens e obras literárias da Igreja antiga. Trata-se, portanto, de uma fonte primária para o conhecimento dos primeiros séculos do cristianismo.

Podemos perguntar como ele estruturou e com que intenções redigiu essa obra nova. No início do primeiro livro, o historiador relaciona pontualmente os argumentos que deseja tratar na obra: "Propus-me a registrar por escrito as sucessões dos santos apóstolos e os tempos transcorridos, a partir do nosso Salvador até nós; todas as coisas grandiosas que se diz que foram realizadas durante a história da Igreja; todos os que dirigiram e orientaram admiravelmente as dioceses mais ilustres; os que em cada geração foram mensageiros da Palavra divina com a palavra ou com os escritos; e quais foram, quantos e em que período de tempo os que por desejo de novidade, depois de mergulhar ao máximo no erro, tornaram-se intérpretes e promotores de uma falsa doutrina, e como lobos ferozes devastaram cruelmente o rebanho de Cristo; ... e com quantos e quais meios e em que tempos foi combatida por parte dos pagãos a Palavra divina; e os grandes homens que, para defendê-la, passaram por duras provas de sangue e de torturas; e finalmente os testemunhos do nosso tempo, e a misericórdia e a benevolência do nosso Salvador para com todos nós" (1,1,1-2).

Desse modo Eusébio abrange diversos setores: a sucessão dos apóstolos como estrutura da Igreja, a difusão da Mensagem, os erros, depois as perseguições por parte dos pagãos e os grandes testemunhos que são a luz nessa história. Em tudo isso transparecem para ele a misericórdia e a benevolência do Salvador. Eusébio inaugura assim a historiografia eclesiástica, estendendo o seu relato até 324, ano em que Constantino, depois da derrota de Licínio, foi aclamado único imperador de Roma. Estamos no ano anterior ao grande Concílio de Niceia, que depois oferece a "suma" de tudo o que a Igreja – doutrinária, moral e também juridicamente – havia aprendido nesses trezentos anos.

A citação que acabamos de transcrever do primeiro livro da *História Eclesiástica* contém uma repetição seguramente intencional. Três vezes num trecho de poucas linhas repete-se o título cristológico de *Salvador* e faz-se referência explícita à "sua misericórdia" e à "sua benevolência". Podemos captar assim a perspectiva fundamental da historiografia eusebiana: a sua história é uma história "cristocêntrica" em que se desvela progressivamente o mistério do amor de Deus pelos homens.

Com verdadeiro enlevo, Eusébio reconhece "que junto a todos os homens do mundo inteiro, só Jesus é chamado, confessado, reconhecido *Cristo* [isto é, Messias e Salvador do mundo], que é lembrado com esse nome seja pelos gregos, seja pelos bárbaros, que ainda hoje por seus discípulos espalhados em todo o mundo é honrado como rei, admirado mais que um profeta, glorificado como verdadeiro e único sacerdote de Deus; e mais do que tudo isso, enquanto *Logos* de Deus preexistente e gerado antes de todos os tempos, ele recebeu do Pai honra digna de veneração, e é adorado como Deus.

"O mais extraordinário de tudo, porém, é que todos nós que lhe somos consagrados o celebramos não só com as vozes e o som das palavras, mas com todas as disposições do espírito, de modo que pomos diante da nossa própria vida o testemunho a Ele prestado" (1,3,19-20). Surge assim em primeiro plano outra característica que permanecerá constante na antiga historiografia eclesiástica: é a "intenção moral" que preside à narrativa. A análise histórica nunca é um fim em si mesma; não é feita só para conhecer o passado; antes, aponta decididamente para a conversão e para um autêntico testemunho de vida cristã por parte dos fiéis. É um guia para nós mesmos.

Desse modo Eusébio interpela vigorosamente os crentes de todos os tempos com relação ao modo de se aproximarem dos acontecimentos da história e da Igreja em especial. Ele interpela também a nós: qual é a nossa atitude com relação aos acontecimentos da Igreja? É a atitude de quem se interessa por simples curiosidade, talvez procurando o que é sensacional e escandaloso a qualquer preço? Ou é a atitude cheia de amor, e aberta ao mistério, de quem sabe – por fé – que pode encontrar na história da Igreja os sinais do amor de Deus e as grandes obras da salvação por Ele realizadas? Se essa for a nossa atitude, não podemos deixar de nos sentir estimulados a uma resposta mais coerente e generosa, a um testemunho mais cristão de vida, para deixar os sinais do amor de Deus também para as gerações futuras.

"Existe um mistério", não se cansava de repetir aquele eminente estudioso dos Padres que foi o cardeal Jean Daniélou: "Existe um conteúdo oculto na história (...). O mistério é o das obras de Deus, que constituem no tempo a realidade verdadeira, escondida atrás das aparências (...). Mas essa história que Deus realiza para o homem, não a realiza sem ele. Deter-se na contemplação das 'grandes coisas' de Deus significaria ver apenas um aspecto das coisas. Diante dessas está a resposta dos homens" (*Saggio sul mistero della storia*, ed. it., Brescia 1963, p. 182).

A tantos séculos de distância, também hoje Eusébio de Cesareia convida os crentes, convida a nós, a maravilhar-nos, a contemplar na história as grandes obras de Deus para a salvação dos homens. E com igual energia ele nos convida à conversão de vida. De fato, diante de um Deus que nos amou desse modo, não podemos permanecer inertes. A solicitação própria do amor é que a vida inteira seja orientada à imitação do Amado. Façamos, pois, todo o possível para deixar na nossa vida um rastro transparente do amor de Deus.

*(Audiência geral, 13 de junho de 2007, Praça São Pedro)*

# SANTO ATANÁSIO DE ALEXANDRIA

*Queridos irmãos e irmãs,*

continuando a nossa retrospectiva dos grandes Mestres da Igreja antiga, queremos dirigir hoje a nossa atenção a Santo Atanásio de Alexandria. Este autêntico protagonista da tradição cristã, já poucos anos depois da morte foi celebrado como "a coluna da Igreja" pelo grande teólogo e bispo de Constantinopla Gregório Nazianzeno (*Discursos* 21,26), e foi sempre considerado como um modelo de ortodoxia, tanto no Oriente como no Ocidente. Não por acaso, portanto, Gian Lorenzo Bernini colocou a estátua dele entre as dos quatro santos Doutores da Igreja oriental e ocidental – com Ambrósio, João Crisóstomo e Agostinho –, que na maravilhosa abside da basílica vaticana circundam a cátedra de São Pedro.

Atanásio foi sem dúvida um dos Padres da Igreja antiga mais importantes e venerados. Mas, acima de tudo, este grande santo é o apaixonado teólogo da encarnação do *Logos*, o Verbo de Deus, que – como diz o prólogo do quarto evangelho – "se fez carne e habitou entre nós" (*Jo* 1,14). Justamente por esse motivo, Atanásio foi também o mais importante e tenaz adversário da heresia ariana, que então ameaçava a fé em Cristo, reduzindo-o a uma criatura "intermediária" entre Deus e o homem, segundo uma tendência recorrente na história e que vemos na prática sob diversas formas também atualmente.

Nascido provavelmente em Alexandria, no Egito, por volta do ano 300, Atanásio recebeu uma boa educação antes de se tornar diácono e secretário do bispo da metrópole egípcia, Alexandre. Íntimo colaborador do seu bispo, o jovem clérigo participou com ele do Concílio de Niceia, o primeiro de caráter ecumênico, convocado pelo imperador Constantino em maio de 325 para assegurar a unidade da Igreja. Os Padres nicenos puderam assim enfrentar várias questões, e principalmente o grave problema causado há alguns anos pela pregação do presbítero alexandrino Ário.

Este, com a sua teoria, ameaçava a verdadeira fé em Cristo, declarando que o *Logos* não era verdadeiro Deus, mas um Deus criado, um ser "intermediário" entre Deus e o homem, e assim o verdadeiro Deus permanecia sempre inacessível a nós. Os bispos reunidos em Niceia responderam redigindo e instituindo o "Símbolo da fé" que, concluído mais tarde pelo primeiro Concílio de Constantinopla, permaneceu na tradição das diversas confissões cristãs e na liturgia como o *Credo niceno-constantinopolitano.*

Neste texto fundamental – que expressa a fé da Igreja indivisa, e que recitamos também hoje, todos os domingos, na celebração eucarística – consta o termo grego *homooúsios*, em latim *consubstantialis*: ele quer indicar que o Filho, o *Logos*, é "da mesma substância" do Pai, é Deus de Deus, é a sua substância, e assim é manifesta a plena divindade do Filho, que era negada pelos arianos.

Com a morte do bispo Alexandre, Atanásio o sucedeu em 328 como bispo de Alexandria, e logo se mostrou decidido a rejeitar qualquer compromisso com relação às teorias arianas condenadas pelo Concílio de Niceia. A sua intransigência, tenaz e por vezes muito severa, mesmo que necessária, contra os que haviam se oposto à sua eleição episcopal e principalmente contra os adversários do Símbolo niceno, atraiu-lhe a implacável hostilidade dos arianos e dos filoarianos.

Apesar do evidente sucesso do Concílio, que havia afirmado com clareza que o Filho é da mesma substância do Pai, pouco depois essas ideias errôneas voltaram a prevalecer – nessa situação até Ário foi reabilitado –, e foram sustentadas por motivos políticos pelo próprio imperador Constantino e depois por seu filho Constâncio II. Este, aliás, que não se interessava tanto pela verdade teológica quanto pela unidade do império e por seus problemas políticos, pretendia politizar a fé, tornando-a mais acessível – segundo a sua opinião – a todos os súditos no império.

A crise ariana, que se acreditava resolvida em Niceia, continuou assim durante décadas, com situações difíceis e divisões dolorosas na Igreja. E bem por cinco vezes – durante trinta anos, entre 336 e 366 – Atanásio foi obrigado a abandonar a sua cidade, passando dezessete anos no exílio e sofrendo pela fé. Mas durante as suas forçadas ausências de Alexandria, o bispo encontrou modos de defender e difundir no Ocidente, antes em Trier e depois em Roma, a fé nicena e também os ideais do monasticismo, abraçados no Egito pelo grande eremita Antão com uma opção de vida da qual Atanásio sempre esteve próximo.

Santo Antão, com a sua força espiritual, era a pessoa mais importante na sustentação da fé de Santo Atanásio. Reintegrado definitivamente na sua sede, o bispo de Alexandria pôde dedicar-se à pacificação religiosa e à reorganização das comunidades cristãs. Ele faleceu em 2 de maio de 373, dia em que celebramos a sua memória litúrgica.

A obra doutrinal mais famosa do santo bispo alexandrino é o tratado sobre *A Encarnação do Verbo*, o *Logos* divino que se fez carne tornando-se como nós para a nossa salvação. Nessa obra, com uma afirmação que se tornou justamente célebre, Atanásio diz que o Verbo de Deus "se fez homem para que nos tornássemos Deus; ele se tornou visível no corpo para que tivéssemos uma ideia do Pai invisível, e ele próprio suportou a violência dos homens para que nós herdássemos a incorruptibilidade" (54,3).

De fato, com a sua ressurreição, o Senhor fez desaparecer a morte como se fosse "palha no fogo" (8,4). A ideia fundamental de toda a luta teológica de Santo Atanásio era exatamente a de que Deus é acessível. Não é um Deus secundário, é o Deus verdadeiro, e por meio da nossa comunhão com Cristo podemos unir-nos realmente a Deus. Ele se tornou realmente "Deus conosco".

Entre as outras obras deste grande Padre da Igreja – que em grande parte estão ligadas aos acontecimentos da crise ariana – lembramos as quatro cartas que ele enviou ao amigo Serapião, bispo de Thmuis, sobre a divindade do Espírito Santo, que é afirmada com clareza, e um conjunto de trinta cartas "festivas", endereçadas no início de cada ano às Igrejas e aos mosteiros do Egito para indicar a data da festa de Páscoa, mas principalmente para assegurar os vínculos entre os fiéis, reforçando-lhes a fé e preparando-os para essa grande solenidade.

Por fim, Atanásio é também autor de textos de meditação sobre os Salmos, depois muito difundidos, e principalmente de uma obra que constitui o *best-seller* da antiga literatura cristã: a *Vida de Antão*, isto é, a biografia do abade Santo Antão, escrita pouco depois da morte deste santo, precisamente enquanto o bispo de Alexandria, exilado, vivia com os monges do deserto egípcio. Atanásio foi amigo do grande eremita, a ponto de receber uma das duas peles de ovelha deixadas por Antão como sua herança, com a capa que o próprio bispo de Alexandria lhe havia dado.

Tornando-se logo muito popular, traduzida quase imediatamente para o latim por duas vezes e depois em diversas línguas orientais, a biografia exemplar desta figura querida à tradição cristã contribuiu muito para a difusão do monasticismo, no Oriente e no Ocidente. Não por acaso, a leitura deste texto, em Trier, está no centro de um emocionante relato da conversão de dois funcionários imperiais que Agostinho menciona nas *Confissões* (VIII,6,15) como premissa da sua própria conversão.

Além disso, o próprio Atanásio mostra ter plena consciência da influência que a figura exemplar de Antão podia exercer sobre o povo cristão. Ele de fato escreve na conclusão desta obra: "Que fosse conhecido em toda parte, por todos admirado e desejado, até por aqueles que não o haviam visto, é um sinal da sua virtude e da sua alma amiga de Deus.

"Na verdade, Antão não é conhecido pelos escritos, nem por uma sabedoria profana, nem por qualquer capacidade específica, mas tão somente pela sua piedade para com Deus. E ninguém poderia negar que este seja um dom de Deus. Com efeito, como se teria ouvido falar na Espanha e na Gália, em Roma e na África deste homem, que vivia retirado entre os montes, se não o tivesse dado a conhecer por toda parte o próprio Deus, como ele faz com todos os que lhe pertencem, e como havia anunciado a Antão desde o princípio? E também se estes agem no segredo e desejam se manter escondidos, o Senhor os mostra a todos como uma candeia, para que todos os que ouvem falar deles saibam que é possível seguir os mandamentos e se sintam encorajados a percorrer o caminho da virtude" (93,5-6).

Sim, irmãos e irmãs! Temos muitos motivos de gratidão para com Santo Atanásio. A sua vida, como a de Antão e de muitos outros santos, mostra-nos que "quem caminha para Deus não se afasta dos homens, mas, pelo contrário, torna-se verdadeiramente próximo deles" (*Deus caritas est*, 42).

*(Audiência geral, 20 de junho de 2007, Sala Paulo VI)*

# SÃO CIRILO DE JERUSALÉM

*Queridos irmãos e irmãs,*

a nossa atenção concentra-se hoje em São Cirilo de Jerusalém. A sua vida representa o entrelaçamento de duas dimensões: por um lado, a solicitude pastoral e, por outro, o envolvimento – malgrado seu – nas inflamadas controvérsias que atormentavam então a Igreja do Oriente. Cirilo nasceu por volta do ano 315, em Jerusalém ou arredores, e recebeu uma ótima formação literária; essa foi a base da sua cultura eclesiástica, centrada no estudo da Bíblia.

Ordenado presbítero pelo bispo Máximo, com a morte ou deposição deste, foi ordenado bispo em 348 por Acácio, influente metropolita de Cesareia da Palestina, filoariano, convencido de ter nele um aliado. Por isso, recaiu sobre ele a suspeita de ter obtido a nomeação episcopal mediante concessões ao arianismo.

Na realidade, em pouco tempo Cirilo entrou em choque com Acácio, não só no terreno doutrinário, mas também no jurisdicional, porque Cirilo reivindicava a autonomia da própria sede em relação à metropolitana de Cesareia. Ao longo de vinte anos, Cirilo conheceu três exílios: o primeiro em 357, com previa deposição por parte de um Sínodo de Jerusalém, seguido em 360 por um segundo exílio por obra de Acácio, e por fim um terceiro, o mais longo – durou onze anos – em 367 por iniciativa do imperador filoariano Valente. Só em 378, depois da morte do imperador, Cirilo pôde voltar à posse definitiva da sua sede, instaurando a unidade e a paz entre os fiéis.

A favor da sua ortodoxia, posta em dúvida por algumas fontes da época, militam outras fontes igualmente antigas. Entre estas, a mais autorizada é a carta sinodal de 382, depois do segundo Concílio Ecumênico de Constantinopla (381), do qual Cirilo havia participado com um papel qualificado. Nessa carta, enviada ao pontífice romano, os bispos orientais reconhecem oficialmente a mais absoluta ortodoxia de Cirilo, a legitimidade da sua ordenação episcopal e os méritos do seu serviço pastoral, que a morte concluirá em 387.

Dele conservamos 24 célebres catequeses, que ele expôs como bispo em torno do ano 350. Introduzidas por uma *Pró-Catequese* de acolhimento, as primeiras dezoito são dirigidas aos catecúmenos ou iluminandos (*photizómenoi*); foram proferidas na Basílica do Santo Sepulcro.

As primeiras catequeses (1-5) tratam cada uma, respectivamente, das disposições prévias ao batismo, da conversão dos costumes pagãos, do sacramento do batismo, das dez verdades dogmáticas contidas no Credo ou Símbolo da fé. As seguintes (6-18) constituem uma "catequese contínua" sobre o Símbolo de Jerusalém, em perspectiva antiariana.

Das últimas cinco (19-23), ditas "mistagógicas", as primeiras duas desenvolvem um comentário aos ritos do batismo, as últimas três versam sobre a crisma, sobre o Corpo e Sangue de Cristo e sobre a liturgia eucarística. Nela está incluída também a explicação do Pai-Nosso (*Oratio Dominica*): ela abre um caminho de iniciação à oração, que se desenvolve paralelamente à iniciação aos três sacramentos do batismo, da crisma e da eucaristia.

A base da instrução sobre a fé cristã se desdobrava também em função polêmica contra pagãos, judeu-cristãos e maniqueístas. A argumentação fundamentava-se na realização das promessas do Antigo Testamento, numa linguagem rica de imagens. A catequese era um momento importante, inserido no amplo contexto da vida toda, em especial a litúrgica, da comunidade cristã, em cujo seio materno processava-se a gestação do futuro fiel, acompanhada pela oração e pelo testemunho dos irmãos.

No seu conjunto, as homilias de Cirilo constituem uma catequese sistemática sobre o renascimento do cristão por meio do batismo. Ao catecúmeno ele diz: "Caíste nas redes da Igreja (cf. *Mt* 13,47). Deixa-te, portanto, apanhar vivo; não fujas, porque é Jesus que te prende no seu anzol, para dar-te não a morte, mas a ressurreição depois da morte. Deves de fato morrer e ressurgir (cf. *Rm* 6,11.14) (...). Morre para o pecado, e vive para a justiça desde hoje" (*Pró-Catequese* 5).

Do ponto de vista *doutrinário*, Cirilo comenta o Símbolo de Jerusalém com o recurso à tipologia das Escrituras, numa relação "sinfônica" entre os dois Testamentos, chegando a Cristo, centro do universo. A tipologia será incisivamente descrita por Agostinho de Hipona: "O Antigo Testamento é o véu do Novo Testamento, e no Novo Testamento manifesta-se o Antigo" (*Catequese aos simples* 4,8).

Quanto à catequese *moral*, ela está ancorada em profunda unidade na catequese doutrinária: o dogma desce progressivamente nas almas, as quais são assim solicitadas a transformar os comportamentos pagãos com base na nova vida em Cristo, dom do batismo. A catequese "mistagógica", por fim, assinalava o vértice da instrução que Cirilo transmitia não mais aos catecúmenos, mas aos neobatizados ou neófitos durante a semana santa. Ela os levava a descobrir, sob os ritos batismais da vigília pascal, os mistérios neles contidos e ainda não revelados. Iluminados pela luz de uma fé mais profunda em virtude do batismo, os neófitos estavam finalmente em condições de compreendê-los melhor, depois de já ter celebrado os ritos.

Em particular, com os neófitos de origem grega, Cirilo recorria à faculdade visual, congenial neles. Tratava-se da passagem do rito ao mistério, que valorizava o efeito psicológico da surpresa e a experiência vivida na noite pascal. Eis um texto que explica o mistério do batismo: "Por três vezes fostes imersos na água e para cada uma das três fostes reemersos, para simbolizar os três dias da sepultura de Cristo, isto é, imitando com este rito o nosso Salvador, que passou três dias e três noites no seio da terra" (cf. *Mt* 12,40).

"Com a primeira emersão da água celebrastes a lembrança do primeiro dia passado por Cristo no sepulcro, como com a primeira imersão confessastes a primeira noite passada no sepulcro: como quem está na noite não vê, e quem está no dia usufrui a luz, assim também vós. Enquanto antes estáveis imersos na noite e nada víeis, reemergindo vos encontrastes em pleno dia. Mistério da morte e do nascimento, esta água de salvação foi para vós túmulo e mãe (...). Para vós... o tempo para morrer coincidiu com o tempo para nascer: um só e mesmo tempo realizou ambos os eventos" (*Segunda Catequese Mistagógica* 4).

O mistério a compreender é o desígnio de Deus, que se realiza por meio de ações salvíficas de Cristo na Igreja. Por sua vez, a dimensão mistagógica está acompanhada pela dos símbolos, que expressam a vivência espiritual que eles fazem, por assim dizer, "explodir". Assim a catequese de Cirilo, com base nos três componentes descritos – doutrinário, moral e mistagógico –, resulta em uma catequese global no Espírito. A dimensão mistagógica realiza a síntese das duas primeiras, orientando-as à celebração sacramental, na qual se realiza a salvação do homem todo.

Trata-se, em síntese, de uma catequese integral, que – envolvendo corpo, alma e espírito – permanece emblemática também para a formação catequética dos cristãos de hoje.

*(Audiência geral, 27 de junho de 2007, Sala Paulo VI)*

# SÃO BASÍLIO

## *I: VIDA E OBRAS*

*Queridos irmãos e irmãs,*

hoje queremos lembrar um dos grandes Padres da Igreja, São Basílio, definido pelos textos litúrgicos bizantinos um "luminar da Igreja". Ele foi um grande bispo do século IV, a quem olha com admiração tanto a Igreja do Oriente como a do Ocidente pela santidade da vida, pela excelência da doutrina e pela síntese harmoniosa de dotes especulativos e práticos. Ele nasceu em torno do ano 330 numa família de santos, "verdadeira igreja doméstica", que vivia num clima de profunda fé. Estudou com os melhores mestres de Atenas e de Constantinopla.

Insatisfeito com os seus sucessos mundanos, e percebendo que havia desperdiçado muito tempo em vaidades, ele mesmo confessa: "Um dia, como que despertando de um sono profundo, voltei-me para a admirável luz da verdade do Evangelho..., e chorei sobre a minha miserável vida" (cf. *Ep*. 223,2). Atraído por Cristo, começou a olhar para Ele e a ouvir só a Ele (cf. *Regras morais* 80,1).

Dedicou-se com determinação à vida monástica na oração, na meditação das Sagradas Escrituras e das obras dos Padres da Igreja, e no exercício da caridade (cf. *Epp*. 2 e 22), seguindo também o exemplo da irmã, Santa Macrina, que já vivia no ascetismo monástico. Foi depois ordenado sacerdote e por fim, em 370, bispo de Cesareia da Capadócia, na atual Turquia.

Por meio da pregação e das obras desenvolveu uma intensa atividade pastoral, teológica e literária. Com sábio equilíbrio, soube unir o serviço às almas e a dedicação à oração e à meditação na solidão. Valendo-se da sua experiência pessoal, favoreceu a fundação de muitas "fraternidades" ou comunidades de cristãos consagrados a Deus, que visitava frequentemente (cf. Gregório Nazianzeno, *Discurso* 43,29 *em louvor a Basílio*). Com a palavra e com os escritos, muitos dos quais chegaram até nós, exortava-os a viver e a progredir na perfeição (cf. *Regras breves*, Proêmio).

Em suas obras inspiraram-se também vários legisladores do monasticismo antigo, entre os quais São Bento, que considerava Basílio como o seu mestre (cf. *Regra* 73,5). Na realidade, São Basílio criou um monasticismo muito especial: não fechado à comunidade da Igreja local, mas aberto a ela. Os seus monges faziam parte da Igreja local, eram o seu núcleo animador que, precedendo os outros fiéis no seguimento de Cristo e não só na fé, mostrava a firme adesão a Ele – o amor a Ele – principalmente em obras de caridade.

Esses monges, que possuíam escolas e hospitais, estavam a serviço dos pobres e assim mostraram a vida cristã na sua totalidade. O Servo de Deus João Paulo II, falando do monasticismo, escreveu: "Muitos consideram que aquela estrutura capital da vida da Igreja que é o monasticismo foi estabelecida, para todos os séculos, principalmente por São Basílio; ou que, pelo menos, não foi definida na sua natureza mais própria sem a sua decisiva contribuição" (Carta Apostólica *Patres Ecclesiae,* 2).

Como bispo e pastor da sua vasta diocese, Basílio preocupou-se constantemente com as difíceis condições materiais em que viviam os fiéis; denunciou com firmeza os males; comprometeu-se a favor dos mais pobres e marginalizados; interveio também junto aos governantes para aliviar os sofrimentos da população, sobretudo em momentos de calamidade; vigiou pela liberdade da Igreja, opondo-se também aos poderosos para defender o direito de professar a verdadeira fé (cf. Gregório Nazianzeno, *Discurso* 43,48-51).

De Deus, que é amor e caridade, Basílio deu um válido testemunho com a construção de vários albergues para os necessitados (cf. Basílio, *Ep.* 94), quase uma cidade da misericórdia, que dele tomou o nome de *Basilíada* (cf. Sozomeno, *Hist. Ecl.* 6,34). Ela está nas origens das modernas instituições hospitalares de internação e cuidado dos doentes.

Consciente de que "a liturgia é o ápice para o qual tende a ação da Igreja, e também a fonte da qual jorra toda a sua virtude" (*Sacrosanctum Concilium*, 10), Basílio, embora preocupado em realizar a caridade que é o sinal distintivo da fé, foi também um sábio "reformador litúrgico" (cf. Gregório Nazianzeno, *Discurso* 43,34). Com efeito, ele nos deixou uma grande oração eucarística [ou anáfora] que recebe o nome dele, e deu um ordenamento fundamental à oração e à salmodia: pelo seu estímulo o povo amou e conheceu os Salmos, e se punha a recitá-los também à noite (cf. Basílio, *Homilias sobre os Salmos* 1,1-2). E assim vemos como liturgia, adoração e oração andam juntas com a caridade, condicionando-se reciprocamente.

Com zelo e coragem, Basílio soube opor-se aos hereges, que negavam que Jesus Cristo era Deus como o Pai (cf. Basílio, *Ep.* 9,3; *Ep.* 52,1-3; *Contra Eunômio* 1,20). Do mesmo modo, contra os que não aceitavam a divindade do Espírito Santo, ele sustentou que também o Espírito é Deus, e "deve ser com o Pai e o Filho igualmente numerado e glorificado" (cf. *O Espírito Santo*). Por isso Basílio é um dos grandes Padres que formularam a doutrina da Trindade: o único Deus, justamente porque é Amor, é um Deus em três Pessoas, que formam a unidade mais profunda que existe, a unidade divina.

No seu amor a Cristo e ao seu Evangelho, o grande capadócio empenhou-se também em recompor as divisões dentro da Igreja (cf. *Epp.* 70 e 243), dedicando-se para que todos se convertessem a Cristo e à sua Palavra (cf. *O juízo* 4), força unificadora, à qual todos os crentes devem obedecer (cf. *ibid.*, 1-3).

Em conclusão, Basílio entregou-se completamente ao fiel serviço à Igreja e ao multiforme exercício do ministério episcopal. Segundo o programa por ele mesmo traçado, tornou-se "apóstolo e ministro de Cristo, dispensador dos mistérios de Deus, arauto do reino, modelo e regra de piedade, olho do corpo da Igreja, pastor das ovelhas de Cristo, médico piedoso, pai e sustento, cooperador de Deus, agricultor de Deus, construtor do templo de Deus" (cf. *Regras morais* 80,11-20).

É este o programa que o santo bispo entrega aos anunciadores da Palavra – ontem como hoje –, um programa que ele mesmo se comprometeu generosamente a pôr em prática. Em 379, Basílio, com menos de 50 anos, consumido pela fadiga e pela ascese, retornou a Deus, "na esperança da vida eterna, através de Jesus Cristo Senhor nosso" (*O Batismo* 1,2,9). Ele foi um homem que viveu verdadeiramente com o olhar fixo em Cristo, um homem do amor ao próximo. Cheio da esperança e da alegria da fé, Basílio mostra-nos como ser realmente cristãos.

*(Audiência geral, 4 de julho de 2007, Sala Paulo VI)*

# SÃO BASÍLIO

## *II: A DOUTRINA*

*Queridos irmãos e irmãs,*

da vida e da obra de São Basílio – este foi o tema da nossa catequese anterior – podemos extrair algumas mensagens importantes e válidas também para nós hoje.

Antes de tudo, o apelo ao mistério de Deus, que permanece a referência mais significativa e vital para o homem. O Pai é "o princípio de tudo e a causa de ser do que existe, a raiz dos vivos" (*Hom.* 15,2 *sobre a fé*), e sobretudo é "o Pai de nosso Senhor Jesus Cristo" (*Anáfora de São Basílio*). Elevando-se a Deus através das criaturas, nós "tomamos consciência da sua bondade e da sua sabedoria" (Basílio, *Contra Eunômio* 1,14). O Filho é a "imagem da bondade do Pai e selo de forma igual a Ele" (cf. *Anáfora de São Basílio*). Com a sua obediência e a sua paixão o Verbo encarnado realizou a missão de Redentor do homem (cf. *Homilias sobre os Salmos* 48,8; cf. também *O Batismo* 1,2,17).

O Espírito Santo recebe grande destaque nos ensinamentos de Basílio. "D'Ele, o Cristo, refulgiu o Espírito Santo: o Espírito da verdade, o dom da adoção filial, o penhor da herança futura, a primícia dos bens eternos, o poder vivificante, o manancial da santificação" (cf. *Anáfora de São Basílio*). O Espírito anima a Igreja, enche-a com seus dons, torna-a santa. A luz maravilhosa do mistério divino reflete-se sobre o homem, imagem de Deus, e eleva a sua dignidade. Olhando para Cristo, compreende-se plenamente a dignidade do homem. Basílio exclama:

"[Homem], toma consciência da tua grandeza considerando o preço pago por ti: olha o preço do teu resgate, e compreende a tua dignidade!" (*Homilias sobre os Salmos* 48,8).

Em especial o cristão, vivendo em conformidade com o Evangelho, reconhece que os homens são todos irmãos uns dos outros; que a vida é uma administração dos bens recebidos de Deus, pelos quais cada um é responsável perante os outros, e quem é rico deve ser como um executor das ordens de Deus benfeitor (cf. *Homilia 4 sobre a esmola* e *Homilia 6 sobre a avareza*). Todos devemos ajudar-nos e cooperar como os membros de um corpo (*Ep.* 203,3).

As obras de caridade são necessárias para manifestar a própria fé: por meio delas os homens servem ao próprio Deus (cf. *Regras morais* 5,2). Com este propósito, algumas passagens das homilias basilianas continuam ainda hoje corajosas e exemplares: "'Vende o que tens e dá o dinheiro aos pobres' (*Mt* 19,22)...: porque, mesmo se não mataste, se não cometeste adultério, se não roubaste nem disseste falso testemunho, de nada te serve se não fazes também o resto: só assim poderás entrar no reino de Deus" (*Homilia contra os ricos* 1).

Com efeito, quem, segundo o mandamento de Deus, quer amar o próximo como a si mesmo, "não deve possuir nada mais do quanto possui o seu próximo" (*ibid.*). "És pobre?", perguntava; "o outro é mais pobre do que tu. Tens pão para dez dias, ele só para um. O que te sobra e excede, isto – como pessoa boa e benévola – divide-o igualmente com o necessitado. Não duvides em dar do teu pouco; não anteponhas a tua vantagem à emergência do outro! Se o teu alimento está reduzido a um único pão e diante da tua porta aparece um mendigo, tira do teu armário aquele único pão, deposita-o nas mãos dele e, olhando para o céu, diz com voz lastimosa e amável: 'Só tenho este único pão que vês, ó Senhor, e o perigo da fome evidentemente ameaça. Ponho, porém, diante de mim o teu mandamento e do meu pouco ofereço uma parte ao irmão faminto. Agora tu mesmo vem em auxílio do teu servo exposto ao risco. Conheço a tua bondade, confio no teu poder'" (*Homilia em tempo de fome e seca* 6).

Bem merecido é então o elogio feito por Gregório Nazianzeno: "Basílio convenceu-nos de que nós, sendo homens, não devemos desprezar os homens, nem ultrajar Cristo, cabeça comum de todos, com a nossa desumanidade para com os homens; antes, nas desgraças dos outros, devemos bendizer a nós mesmos, e contrair um empréstimo com Deus da nossa misericórdia, porque temos necessidade de misericórdia" (*Discurso* 43,63). Essas são palavras ainda muito atuais. Vemos como São Basílio é realmente um dos Padres da Doutrina Social da Igreja.

Além disso, Basílio nos lembra que para manter vivo em nós o amor a Deus e aos homens é necessária a Eucaristia, alimento adequado para os batizados, capaz de alimentar as novas energias derivadas do batismo (cf. *O Batismo* 1,3,1). É motivo de imensa alegria poder participar da Eucaristia (*Regras morais* 21,3), instituída "para preservar incessantemente a lembrança d'Aquele que morreu e ressuscitou por nós" (*Regras morais* 80,22).

A Eucaristia, imenso dom de Deus, protege em cada um de nós a lembrança do selo batismal e permite viver em plenitude e fidelidade a graça do batismo. Por isso o santo bispo recomenda a comunhão frequente, e até quotidiana: "Comungar até todos os dias recebendo o santo corpo e sangue de Cristo é bom e útil; porque Ele mesmo diz claramente: 'Quem come a minha carne e bebe o meu sangue tem a vida eterna' (*Jo* 6,54). Portanto, quem duvidará de que comungar continuamente da vida não é viver com plenitude?" (*Ep.* 93). A Eucaristia, em síntese, nos é necessária para acolher em nós a verdadeira vida, a vida eterna (cf. *Regras morais* 21).

Por fim, Basílio interessou-se naturalmente também por aquela porção eleita do povo de Deus que são os jovens, o futuro da sociedade. A eles dirigiu um Discurso sobre o modo de tirar proveito da cultura pagã da época. Com muito equilíbrio e abertura, ele reconhece que na literatura clássica, grega e latina, encontram-se exemplos de vida reta. Esses exemplos podem ser úteis para o jovem cristão em busca da verdade, do modo reto de viver (cf. *Discursos aos jovens* 3). Por isso, é preciso extrair dos textos dos autores clássicos tudo o que é conveniente e conforme com a verdade: assim com atitude crítica e aberta – trata-se de fato de um verdadeiro e próprio "discernimento" – os jovens crescem na liberdade.

Com a célebre imagem das abelhas, que recolhem das flores apenas o que serve para o mel, Basílio recomenda: "Como as abelhas sabem tirar das flores o mel, diferentemente dos outros animais que se limitam a fruir o perfume e a cor das flores, assim também desses escritos... pode-se extrair algum proveito para o espírito.

Devemos utilizar esses livros seguindo em tudo o exemplo das abelhas. Elas não vão indistintamente a todas as flores, e nem mesmo procuram tirar tudo daquelas em que pousam, mas retiram só o que serve para a composição do mel, e deixam o resto. E nós, se formos sábios, extrairemos daqueles escritos tudo o que se adapta a nós e é conforme à verdade, e deixaremos o resto" (*Discurso aos jovens* 4). Basílio, acima de tudo, recomenda aos jovens que cresçam nas virtudes: "Enquanto os outros bens... passam deste para aquele como no jogo de dados, somente a virtude é um bem inalienável e permanece durante a vida e depois da morte" (*Discurso aos jovens* 5).

Queridos irmãos e irmãs, parece-me que se pode dizer que este Padre de outrora fala também a nós e nos diz coisas importantes. Em primeiro lugar, esta participação atenta, crítica e criativa na cultura contemporânea. Depois, a responsabilidade social: este é um tempo em que, num mundo globalizado, também os povos geograficamente distantes são realmente o nosso próximo. Portanto, a amizade com Cristo, o Deus com rosto humano. E, por fim, o conhecimento e o reconhecimento a Deus criador, Pai de todos nós: só abertos a este Deus, Pai comum, podemos construir um mundo justo e fraterno.

*(Audiência geral, 1º de agosto de 2007, Sala Paulo VI)*

# SÃO GREGÓRIO NAZIANZENO

## *I: VIDA E OBRAS*

*Queridos irmãos e irmãs,*

quarta-feira passada falei de um grande mestre da fé, o Padre da Igreja São Basílio. Hoje eu gostaria de falar do seu amigo, Gregório de Nazianzeno, ele também, como Basílio, originário da Capadócia. Teólogo ilustre, orador e defensor da fé cristã no século IV, foi célebre por sua eloquência, e teve também, como poeta, uma alma delicada e sensível.

Gregório nasceu de uma família nobre. A mãe o consagrou a Deus desde o nascimento, ocorrido por volta de 330. Depois da primeira educação familiar, frequentou as escolas mais célebres da sua época: primeiro foi a Cesareia da Capadócia, onde fez amizade com Basílio, futuro bispo dessa cidade, e depois residiu em outras metrópoles do mundo antigo, como Alexandria do Egito e principalmente Atenas, onde reencontrou Basílio (cf. *Discurso* 43,14-24).

Relembrando a amizade, Gregório escrevera mais tarde: "Então não só eu me sentia tomado de veneração pelo meu grande Basílio devido à seriedade dos seus costumes e à maturidade e sabedoria dos seus discursos, mas induzia a fazer a mesma coisa também outros, que ainda não o conheciam (...). Guiava-nos a mesma ansiedade de saber (...). Esta era a nossa competição: não quem seria o primeiro, mas quem permitisse ao outro sê-lo. Parecia que tínhamos uma só alma em dois corpos" (*Discurso* 43,16.20). São palavras que representam um pouco o autorretrato desta alma nobre. Mas podemos também imaginar que este homem, que estava fortemente projetado para além dos valores terrenos, tenha sofrido muito pelas coisas deste mundo.

De volta para casa, Gregório recebeu o batismo e orientou-se para a vida monástica: a solidão e a meditação filosófica e espiritual fascinavam-no. Ele mesmo escrevera: "Nada me parece maior do que isto: fazer calar os próprios sentidos, sair da carne do mundo, recolher-se em si mesmo, não se ocupar mais das coisas humanas, senão das estritamente necessárias; falar consigo mesmo e com Deus, levar uma vida que transcende as coisas visíveis; levar na alma imagens divinas sempre puras, sem mistura de formas terrenas e errôneas; ser verdadeiramente um espelho imaculado de Deus e das coisas divinas, e transformar-se nele sempre mais, tirando luz da luz...; gozar, na esperança presente, o bem futuro, e conversar com os anjos; ter já deixado a terra, mesmo estando na terra, transportados para o alto com o espírito" (*Discurso* 2,7).

Como escreve na sua autobiografia (cf. *Poesias* [*históricas*] 2,1,11 *sobre sua vida* 340-349), recebeu a ordenação presbiteral com certa relutância, porque sabia que depois teria de agir como Pastor, ocupar-se dos outros, das coisas deles, e portanto já não poderia mais recolher-se só na meditação. Entretanto, aceitou depois essa vocação e assumiu o ministério pastoral em total obediência, aceitando, como frequentemente lhe aconteceu na vida, ser levado pela Providência para onde não queria ir (cf. *Jo* 21,18). Em 371, o seu amigo Basílio, bispo de Cesareia, contra o desejo do próprio Gregório, quis consagrá-lo bispo de Sasima, uma região estrategicamente importante da Capadócia. Devido, porém, a várias dificuldades, nunca tomou posse, e permaneceu na cidade de Nazianzo.

Em torno de 379, Gregório foi chamado a Constantinopla, a capital, para guiar a pequena comunidade católica fiel ao Concílio de Niceia e à fé trinitária. A maioria aderia ao contrário ao arianismo, que era "politicamente correto" e considerado politicamente útil pelos imperadores. Encontrou-se, assim, fazendo parte da minoria, cercado de hostilidades. Na pequena igreja de *Anastasis* proferiu cinco *Discursos teológicos* (27-31) justamente para defender e também tornar inteligível a fé trinitária. São discursos que se mantiveram célebres pela segurança da doutrina e pela habilidade do raciocínio, que leva a compreender realmente que esta é a lógica divina. E também o esplendor da forma os torna hoje fascinantes.

Por causa desses discursos, Gregório recebeu o cognome de "teólogo". Assim é chamado na Igreja ortodoxa: o "teólogo". E isso porque a teologia para ele não é uma reflexão puramente humana, ou muito menos apenas fruto de complicadas especulações, mas deriva de uma vida de oração e de santidade, de um diálogo assíduo com Deus. E precisamente assim mostra à nossa razão a realidade de Deus, o mistério trinitário. No silêncio contemplativo, imbuído de admiração diante das maravilhas do mistério revelado, a alma acolhe a beleza e a glória divina.

Enquanto participava do segundo Concílio Ecumênico, em 381, Gregório foi eleito bispo de Constantinopla, e assumiu a presidência do Concílio. Mas logo se desencadeou contra ele uma forte oposição, e a situação se tornou insustentável. Para uma alma tão sensível, essas inimizades eram insuportáveis. Repetia-se o que Gregório já havia lamentado anteriormente com palavras de consternação: "Dividimos Cristo, nós que tanto amávamos a Deus e a Cristo! Mentimos uns aos outros por causa da Verdade, alimentamos sentimentos de ódio por causa do amor, separamo-nos uns dos outros!" (*Discurso* 6,3).

Assim, num clima de tensão, renunciou às suas funções. Na catedral repleta, Gregório pronunciou um discurso de despedida de grande repercussão e dignidade (cf. *Discurso* 42). Concluía a sua amargurada intervenção com estas palavras: "Adeus, grande cidade, amada por Cristo (...). Filhos meus, suplico-vos, guardai o depósito [da fé] que vos foi confiado (cf. *1 Tm* 6,20), lembrai-vos dos meus sofrimentos (cf. *Cl* 4,18).

Que a graça do nosso Senhor Jesus Cristo esteja com todos vós". (Cf. *Discurso* 42,27).

Voltou a Nazianzo, e durante aproximadamente dois anos dedicou-se aos cuidados pastorais daquela comunidade cristã. Depois retirou-se definitivamente em solidão na vizinha Arianzo, sua terra natal, entregando-se ao estudo e à vida ascética. Nesse período compôs a maior parte da sua obra poética, principalmente autobiográfica: as *Poesias da sua vida*, uma releitura em versos do próprio caminho humano e espiritual, caminho exemplar de um cristão sofredor, de um homem de grande interioridade num mundo cheio de conflitos.

É um homem que nos faz sentir a primazia de Deus e por isso fala também a nós, a este nosso mundo: sem Deus, o homem perde a sua grandeza, sem Deus não há verdadeiro humanismo. Ouçamos por isso essa voz e procuremos conhecer também nós o rosto de Deus. Em uma das suas poesias havia escrito, dirigindo-se a Deus: "Sê benigno, Tu, o Além de tudo" (*Poesias dogmáticas*] 1,1,29). E em 390, Deus acolhia nos seus braços este servo fiel, que com aguda inteligência o havia defendido nas obras, e que com muito amor o havia cantado nas suas poesias.

*(Audiência geral, 8 de agosto de 2007, Sala Paulo VI)*

# SÃO GREGÓRIO NAZIANZENO

## *II: A DOUTRINA*

*Queridos irmãos e irmãs,*

na série de retratos de grandes Padres e Doutores da Igreja que procuro oferecer nestas catequeses, falei anteriormente de São Gregório Nazianzeno, bispo do século IV; eu gostaria de completar hoje esse retrato. Procuraremos reunir alguns dos seus ensinamentos. Refletindo sobre a missão que Deus lhe havia confiado, São Gregório Nazianzeno concluía: "Fui criado para subir até Deus com as minhas ações" (*Discurso* 14,6 *sobre o amor aos pobres*).

De fato, ele pôs ao serviço de Deus e da Igreja o seu talento de escritor e de orador. Compôs numerosos discursos, várias homilias e panegíricos, muitas cartas e obras poéticas (quase 18.000 versos!): uma atividade verdadeiramente prodigiosa. Havia compreendido que essa era a missão que Deus lhe confiara: "Servo da Palavra, aplico-me ao ministério da Palavra, que eu não permita jamais descuidar este bem. Eu aprecio e gosto desta vocação; ela me dá mais alegrias do que de todas as outras coisas juntas" (*Discurso* 6,5; cf. também *Discurso* 4,10).

O nazianzeno era um homem afável, e na sua vida procurou sempre promover a paz na Igreja do seu tempo, dilacerada por discórdias e heresias. Com audácia evangélica esforçou-se por superar a própria timidez para proclamar a verdade da fé. Sentia profundamente o anseio de aproximar-se de Deus, de unir-se a Ele. É o que ele mesmo expressa em um poema seu, onde escreve: entre as "grandes flutuações do mar da vida,/ daqui e dali por impetuosos ventos agitado,/(...)/ uma só coisa me era cara, minha única riqueza,/ conforto e esquecimento das fadigas,/ a luz da Trindade Santa" (*Poesias* [*históricas*] 2,1,15).

Gregório fez resplandecer a luz da Trindade, defendendo a fé proclamada no Concílio de Niceia: um só Deus em três Pessoas iguais e distintas – Pai, Filho e Espírito Santo –, "tríplice luz que num único/ esplendor se reúne" (*ibid.* 2,1,32). Portanto, afirma sempre Gregório sob inspiração de São Paulo (*1 Cor* 8,6), "para nós há um só Deus, o Pai, de quem tudo provém; um só Senhor, Jesus Cristo, por quem tudo existe; e um só Espírito Santo, em quem tudo existe" (*Discurso* 39,12).

Gregório pôs em grande destaque a humanidade plena de Cristo: para redimir o homem na sua totalidade de corpo, alma e espírito, Cristo assumiu todos os componentes da natureza humana, pois do contrário o homem não teria sido salvo.

Contra a heresia de Apolinário, que sustentava que Jesus Cristo não havia assumido uma alma racional, Gregório enfrenta o problema à luz do mistério da salvação: "O que não foi assumido, não foi curado" (*Ep.* 101,32), e se Cristo não tivesse sido "dotado de intelecto racional, como teria podido ser homem?" (*Ep.* 101,34). Era precisamente o nosso intelecto, a nossa razão que tinha e tem necessidade da relação, do encontro com Deus em Cristo. Tornando-se homem, Cristo nos deu a possibilidade de nos tornarmos por nossa vez como Ele. O nazianzeno exorta: "Procuremos ser como Cristo, pois também Cristo se tornou como nós: procuremos tornar-nos deuses por meio d'Ele, dado que Ele mesmo, por meio de nós, se tornou homem. Assumiu sobre si o pior para nos dar o melhor" (*Discurso* 1,5).

Maria, que deu a natureza humana a Cristo, é verdadeira Mãe de Deus (*Theotókos*: cf. *Ep.* 101,16), e em vista da sua altíssima missão foi "pré-purificada" (*Discurso* 38,13; quase um distante prelúdio do dogma da Imaculada Conceição). Maria é proposta como modelo aos cristãos, sobretudo às virgens, e como socorro a invocar nas necessidades (cf. *Discurso* 24,11).

Gregório nos lembra que, como pessoas humanas, devemos ser solidários uns com os outros. Escreve: "'Somos todos nós uma só coisa no Senhor' (cf. *Rm* 12,5), ricos e pobres, escravos e livres, sadios e doentes; e única é a cabeça de quem tudo provém: Jesus Cristo. E como fazem os membros de um só corpo, cada um se ocupe de cada um, e todos de todos." Depois, referindo-se aos doentes e às pessoas em dificuldade, conclui: "Esta é a única salvação para a nossa carne e a nossa alma: a caridade para com eles" (*Discurso* 14,8 *sobre o amor aos pobres*).

Gregório ressalta que o homem deve imitar a bondade e o amor de Deus, e assim recomenda: "Se és sadio e rico, alivia a necessidade de quem é doente e pobre; se não caíste, socorre quem caiu e vive no sofrimento; se és alegre, consola quem é triste; se és afortunado, ajuda quem é afetado pela desventura. Dá a Deus uma prova de reconhecimento, porque és um daqueles que podem beneficiar, e não daqueles que precisam ser beneficiados (...). Sê rico não só de bens, mas também de piedade; não só de ouro, mas de virtude, ou melhor, unicamente desta. Supera a fama do teu próximo mostrando ser o melhor de todos; entrega-te a Deus pelo desventurado, imitando a misericórdia de Deus" (*ibid.*, 14,26).

Gregório nos ensina antes de tudo a importância e a necessidade da oração. Ele afirma que "é necessário lembrar-se de Deus com mais frequência do que se respira" (*Discurso* 27,4), porque a oração é o encontro da sede de Deus com a nossa sede. Deus tem sede de que tenhamos sede d'Ele (cf. *Discurso* 40,27). Na oração devemos dirigir o nosso coração a Deus, para nos entregarmos a Ele como oferenda a ser purificada e transformada. Na oração vemos tudo à luz de Cristo, deixamos cair as nossas máscaras e imergimos na verdade e na escuta de Deus, alimentando o fogo do amor.

Em um poema, que é ao mesmo tempo meditação sobre a finalidade da vida e implícita invocação a Deus, Gregório escreve: "Tens uma tarefa, alma minha, / uma grande tarefa, se quiseres. / Perscruta seriamente a ti mesma, / o teu ser, o teu destino; / de onde vens e onde deverás pousar; / procura conhecer se é vida a que vives / ou se há alguma coisa mais. / Tens uma tarefa, alma minha, / por isso purifica a tua vida: / considera, por favor, Deus e os seus mistérios, / indaga o que havia antes deste universo / e o que ele é para ti, / de onde veio, e qual será o seu destino. / Eis a tua tarefa, / alma minha, / purifica por isso a tua vida" (*Poesias* [*históricas*] 2,1,78). Continuamente o santo bispo pede ajuda a Cristo, para se erguer e retomar o caminho: "Fui desiludido, ó meu Cristo, / pelo meu demasiado presumir: / das alturas caí muito baixo. / Mas levanta-me de novo agora, pois vejo / que por mim mesmo me enganei; / se ainda confiar demais em mim mesmo, / logo cairei, e a queda será fatal" (*ibid.*, 2,1,67).

Gregório, portanto, sentiu a necessidade de aproximar-se de Deus para superar o cansaço do próprio eu. Experimentou o impulso da alma, a vivacidade de um espírito sensível e a instabilidade da felicidade efêmera. Para ele, no drama de uma vida sobre a qual pesava a consciência da própria fraqueza e da própria miséria, a experiência do amor a Deus sempre prevaleceu. Tens uma tarefa, alma – diz São Gregório também para nós –, a tarefa de encontrar a verdadeira luz, de encontrar a verdadeira grandeza da tua vida. E a tua vida é encontrar-te com Deus, que tem sede da nossa sede.

*(Audiência geral, 22 de agosto de 2007, Sala Paulo VI)*

# SÃO GREGÓRIO DE NISSA

## *I: VIDA E OBRAS*

*Queridos irmãos e irmãs,*

nas últimas catequeses, falei sobre dois grandes Doutores da Igreja do século IV, Basílio e Gregório Nazianzeno, bispos na Capadócia, na atual Turquia. Hoje acrescentamos um terceiro, o irmão de Basílio, São Gregório de Nissa, que se mostrou homem de caráter meditativo, com grande capacidade de reflexão e inteligência perspicaz, aberta à cultura do seu tempo. Revelou-se assim um pensador original e profundo na história do cristianismo.

Ele nasceu em torno de 335; a sua formação cristã foi conduzida especialmente pelo irmão Basílio – por ele definido como "pai e mestre" (*Ep.* 13,4) – e pela irmã Macrina. Durante os estudos, deu especial atenção à filosofia e à retórica. Num primeiro momento, dedicou-se ao ensino e se casou. Depois, também ele, como o irmão e a irmã, devotou-se totalmente à vida ascética. Mais tarde foi eleito bispo de Nissa, e demonstrou ser um pastor zeloso, atraindo a estima da comunidade. Acusado de má administração financeira pelos adversários hereges, precisou abandonar a sua sede episcopal por algum tempo, mas depois regressou triunfalmente (cf. *Ep.* 6) e continuou a dedicar-se à luta para difundir a verdadeira fé.

Sobretudo depois da morte de Basílio, praticamente recebendo sua herança espiritual, contribuiu para o triunfo da ortodoxia. Participou de vários sínodos; procurou dirimir os contrastes entre as Igrejas; tomou parte ativa na reorganização eclesiástica e, como "coluna da ortodoxia", foi um protagonista do Concílio de Constantinopla de 381, que definiu a divindade do Espírito Santo. Recebeu vários encargos oficiais do imperador Teodósio, pronunciou importantes homilias e discursos fúnebres, dedicou-se a compor várias obras teológicas. Em 394 participou ainda de um sínodo realizado em Constantinopla. A data da sua morte é desconhecida.

Gregório expressa com clareza a finalidade dos seus estudos, o propósito supremo que tem como alvo no seu trabalho de teólogo: não empregar a vida em coisas vãs, mas encontrar a luz que permita discernir o que é verdadeiramente útil (cf. *Homilia sobre o Eclesiastes* 1). Encontrou esse bem supremo no cristianismo, graças ao qual é possível "a imitação da natureza divina" (*A profissão cristã*).

Com a sua aguda inteligência e o seu vasto conhecimento filosófico e teológico, defendeu a fé cristã contra os hereges, que negavam a divindade do Filho e do Espírito Santo (como Eunômio e os macedonianos), ou comprometiam a humanidade perfeita de Cristo (como Apolinário). Comentou a Sagrada Escritura, concentrando-se sobre a criação do homem. Este era para ele um tema central: a criação. Ele via na criatura o reflexo do Criador e encontrava aqui o caminho para Deus. Mas escreveu também um livro importante sobre a vida de Moisés, que apresenta como homem a caminho para Deus: a subida ao monte Sinai torna-se para ele uma imagem da nossa subida na vida humana em direção à verdadeira vida, ao encontro com Deus. Ele interpretou também a oração do Senhor, o Pai-Nosso, e as bem-aventuranças.

No seu *Grande discurso catequético*, expôs as linhas fundamentais da teologia, não para uma teologia acadêmica fechada em si mesma, mas para oferecer aos catequistas um sistema de referência a ter presente nas suas instruções, quase o quadro em torno do qual gira depois a interpretação pedagógica da fé.

Gregório, além disso, é insigne pela sua doutrina espiritual. Toda a sua teologia não era uma reflexão acadêmica, mas expressão de uma vida espiritual, de uma vida de fé vivida. Como grande "pai da mística" expôs em vários tratados – como *A profissão cristã* e *A perfeição cristã* – o caminho que os cristãos devem percorrer para chegar à verdadeira vida, à perfeição. Exaltou a virgindade consagrada (*A virgindade*) e propôs um modelo insigne na vida da irmã Macrina, que para ele permaneceu sempre um guia, um exemplo (cf. *Vida de Macrina*). Proferiu vários discursos e homilias, e escreveu numerosas cartas.

Comentando a criação do homem, Gregório ressalta que Deus, "o melhor dos artistas, forja a nossa natureza de modo a torná-la apta ao exercício da realeza. Por meio da superioridade estabelecida pela alma, e da própria conformação do corpo, Ele dispõe as coisas de modo que o homem seja realmente idôneo para o poder real" (*A criação do homem* 4).

Mas vemos como o homem, na rede dos pecados, frequentemente abusa da criação, não exerce uma verdadeira realeza. Por isso, de fato, isto é, para realizar uma verdadeira responsabilidade para com as criaturas, deve estar imbuído de Deus e viver na luz. O homem é um reflexo daquela beleza originária que é Deus: "Tudo o que Deus criou era muito bom", escreve o santo bispo. E acrescenta: "Testemunho disso é o relato da criação (cf. *Gn* 1,31).

Entre as coisas muito boas estava também o homem, ornado de uma beleza muito superior a todas as coisas belas. Com efeito, o que mais poderia ser belo em comparação com quem era semelhante à beleza pura e incorruptível? (...) Reflexo e imagem da vida eterna, ele era realmente belo, aliás, muito belo, com o sinal radiante da vida sobre o seu rosto" (*Homilia sobre o Cântico* 12).

O homem foi honrado por Deus e posto acima de toda outra criatura: "Não foi o céu feito à imagem de Deus, nem a lua, nem o sol, nem a beleza das estrelas, nem qualquer uma das outras coisas que existem na criação. Só tu [alma humana] foste feita à imagem da natureza que supera todo intelecto, semelhança da beleza incorruptível, sinal da verdadeira divindade, receptáculo da vida feliz, imagem da verdadeira luz; contemplando-a, tu te tornas aquilo que Ele é, porque através do raio refletido proveniente da tua pureza imitas Aquele que brilha em ti. Nada que existe é tão grande que se possa comparar com a tua grandeza" (*ibid.*, 2). Meditemos sobre este elogio do homem. Vejamos também como o homem é degradado pelo pecado. E procuremos retornar à grandeza original: só Deus estando presente, o homem chega a esta sua verdadeira grandeza.

O homem, portanto, reconhece dentro de si o reflexo da luz divina: purificando o seu coração ele volta a ser, como era no princípio, uma imagem límpida de Deus, Beleza exemplar (cf. *Discurso catequético* 6). Assim o homem, purificando-se, pode ver Deus, como os puros de coração (cf. *Mt* 5,8): "Se, com um nível de vida diligente e atento, lavares as impurezas que se depositaram no teu coração, resplenderá em ti a divina beleza (...). Contemplando a ti mesmo, verás em ti Aquele que é o desejo do teu coração, e serás feliz" (*As Bem-aventuranças* 6). É preciso, então, lavar as impurezas que se depositaram no nosso coração e reencontrar em nós mesmos a luz de Deus.

Portanto, o homem tem como finalidade a contemplação de Deus. Só nela poderá encontrar a sua satisfação. Para antecipar em certa medida esse objetivo já nesta vida, ele deve progredir incessantemente na vida espiritual, uma vida em diálogo com Deus. Em outras palavras – e é esta a lição mais importante que São Gregório de Nissa nos ensina – a plena realização do homem consiste na santidade, numa vida vivida no encontro com Deus, que assim se torna luminosa também para os outros, também para o mundo.

*(Audiência geral, 29 de agosto de 2007, Praça São Pedro)*

# SÃO GREGÓRIO DE NISSA

## *II: A DOUTRINA*

*Queridos irmãos e irmãs,*

proponho-vos hoje alguns aspectos da doutrina de São Gregório de Nissa, de quem já falamos quarta-feira passada. Em primeiro lugar, Gregório de Nissa manifesta uma concepção muito elevada da dignidade do homem. A finalidade do homem, diz o santo bispo, é tornar-se semelhante a Deus, e esse fim ele o alcança principalmente por meio do amor, do conhecimento e da prática das virtudes, "raios luminosos que descem da natureza divina" (*As Bem-aventuranças* 6), num movimento perpétuo de adesão ao bem, como o corredor no estádio avança para a frente. Nesse sentido, Gregório usa uma imagem eficaz, já presente na carta de Paulo *aos filipenses*: *epekteinómenos* (3,13), isto é, "avançando" para o que é maior, para a verdade e o amor.

Essa expressão icástica indica uma realidade profunda: a perfeição que queremos encontrar não é uma coisa conquistada para sempre; perfeição é esse permanecer no caminho, é uma contínua disposição para ir adiante, porque nunca se chega à plena semelhança com Deus: estamos sempre a caminho (cf. *Homilia sobre o Cântico* 12).

A história de cada alma é a de um amor sempre repleto, e ao mesmo tempo aberto a novos horizontes, porque Deus dilata continuamente as possibilidades da alma, para torná-la capaz de bens sempre maiores. Deus mesmo, que depositou em nós os germes do bem e de quem parte toda iniciativa de santidade, "modela o bloco (...). Limando e polindo o nosso espírito, forma em nós o Cristo" (*Sobre os Salmos* 2,11).

Gregório se preocupa em esclarecer: "Não é de fato obra nossa, e não é também êxito de um poder humano tornar-nos semelhantes à divindade, mas é resultado da munificência de Deus, que desde a sua primeira origem ofereceu à nossa natureza a graça da semelhança com Ele" (*A virgindade* 12,2). Para a alma, portanto, "não se trata de conhecer algo a respeito de Deus, mas de ter Deus em si" (*As Bem-aventuranças* 6). De resto, observa com perspicácia Gregório, "a divindade é pureza, é libertação das paixões e eliminação de todo mal: se todas essas coisas estão em ti, Deus está realmente em ti" (*ibid.*).

Quando temos Deus em nós, quando o homem ama a Deus, por aquela reciprocidade que é própria da lei do amor, ele quer o que o próprio Deus quer (cf. *Homilia sobre o Cântico*), e por isso coopera com Deus para modelar em si a imagem divina, de modo que "o nosso nascimento espiritual é resultado de uma livre escolha, e nós somos de certa maneira os genitores de nós mesmos, criando-nos como nós mesmos queremos ser, e pela nossa vontade formando-nos segundo o modelo que escolhemos" (*Vida de Moisés* 2,3).

Para elevar-se a Deus, o homem deve purificar-se: "O caminho que conduz a natureza humana ao céu não é outro senão o afastamento dos males deste mundo (...). Tornar-se semelhante a Deus significa tornar-se justo, santo e bom (...). Portanto, se segundo o Eclesiastes (5,1), "Deus está no céu" e se, segundo o profeta (*Sl* 72,28), vós "aderis a Deus", segue-se necessariamente que deveis estar onde Deus está, pois estais unidos a Ele. Ao dizer-vos que, quando rezais, deveis chamar Deus de Pai, ele diz para vos tornardes sem dúvida semelhantes ao vosso Pai celeste, com uma vida digna de Deus, como o Senhor nos ordena mais claramente em outra passagem, dizendo: "Sede perfeitos como é perfeito o vosso Pai celeste! (*Mt* 5,48)" (*A oração do Senhor* 2).

Nesse caminho de ascensão espiritual, Cristo é o modelo e o mestre que nos mostra a bela imagem de Deus (cf. *A perfeição cristã*). Cada um de nós, olhando para Ele, torna-se "o pintor da própria vida", que tem a vontade como executora do trabalho e as virtudes como cores das quais servir-se (*ibid.*).

Portanto, se o homem é considerado digno do nome de Cristo, como deve comportar-se? Gregório responde assim: "[Deve] examinar sempre no seu íntimo os próprios pensamentos, as próprias palavras e as próprias ações, para ver se estão orientados para Cristo ou se d'Ele se afastam" (*ibid.*). E este ponto é importante para o valor que dá à palavra "cristão". "Cristão" é alguém que leva o nome de Cristo, e portanto deve assemelhar-se a Ele também na vida. Nós, cristãos, com o batismo, assumimos uma grande responsabilidade.

Mas Cristo – lembra Gregório – está presente também nos pobres, razão pela qual eles nunca devem ser ultrajados: "Não desprezar aqueles que jazem deitados, como se por isso nada valessem. Considera quem são e descobrirás qual é a dignidade deles: eles representam a Pessoa do Salvador. E assim é porque o Senhor, na sua bondade, emprestou-lhes a sua própria Pessoa, para que, por meio dela, se compadeçam os que são duros de coração e inimigos dos pobres" (*O amor pelos pobres*).

Gregório, como dissemos, fala de ascensão: ascensão a Deus na oração por meio da pureza do coração; mas ascensão a Deus também por meio do amor ao próximo. O amor é a escada que nos leva para Deus. Assim, o nisseno interpela vivamente cada um dos seus ouvintes: "Sê generoso com esses irmãos, vítimas da desventura. Dá ao faminto aquilo de que te privas" (*ibid.*).

Com muita clareza Gregório lembra que todos dependemos de Deus, e por isso exclama: "Não penseis que tudo seja vosso! Deve haver também uma parte para os pobres, os amigos de Deus. A verdade, de fato, é que tudo provém de Deus, Pai universal, e que nós somos irmãos e pertencemos à mesma estirpe" (*ibid.*). E então examine-se o cristão, insiste ainda Gregório: "De que te serve jejuar e fazer abstinência da carne, se depois com a tua malvadeza não fazes senão agredir teu irmão? Que vantagem tiras, diante de Deus, do fato de não comeres do teu, se depois, agindo injustamente, arrancas das mãos do pobre o que é dele?" (*ibid.*).

Concluamos estas nossas catequeses sobre os três grandes Padres capadócios relembrando ainda aquele aspecto importante da doutrina espiritual de Gregório de Nissa, que é a oração. Para progredir no caminho para a perfeição e acolher Deus em si, levar em si o Espírito de Deus, o amor de Deus, o homem deve dirigir-se a Ele com confiança na oração: "Por meio da oração conseguimos estar com Deus. Mas quem está com Deus está longe do inimigo.

"A oração é suporte e defesa da castidade, freio da ira, aquietamento e domínio da soberba. A oração é guarda da virgindade, proteção da fidelidade no matrimônio, esperança para os que vigiam, abundância de frutos para os agricultores, segurança para os navegantes" (*A oração do Senhor*). O cristão reza inspirando-se sempre na oração do Senhor: "Portanto, se queremos rezar para que desça sobre nós o Reino de Deus, peçamos-lhe isso com o poder da Palavra: que eu seja afastado da corrupção, libertado da morte, solto das correntes do erro; não reine jamais a morte sobre mim, não tenha jamais poder sobre nós a tirania do mal, não domine sobre mim o adversário nem me faça prisioneiro através do pecado, mas venha a mim o teu Reino, para que se afastem de mim ou, melhor ainda, se anulem as paixões que agora me dominam e comandam" (*ibid.*, 3).

Tendo terminado a sua vida terrena, o cristão poderá assim dirigir-se com serenidade a Deus. Falando disso, São Gregório pensa na morte da irmã Macrina e escreve que ela, no momento da morte, rezava a Deus assim: "Tu que tens na terra o poder de perdoar os pecados, perdoa-me, para que eu possa ter descanso (cf. *Sl* 38,14), e para que, diante de ti, eu me encontre sem mancha, no momento em que for despojada do meu corpo (cf. *Cl* 2,11), de modo que o meu espírito, santo e imaculado (cf. *Ef* 5,27), seja acolhido nas tuas mãos 'como incenso diante de ti' (*Sl* 140,2)" (*Vida de Macrina* 24). Este ensinamento de São Gregório continua válido sempre: não só falar de Deus, mas levar Deus em si. Façamos isso com o compromisso da oração e vivendo no espírito do amor por todos os nossos irmãos.

*(Audiência geral, 5 de setembro de 2007, Praça São Pedro)*

# SÃO JOÃO CRISÓSTOMO

## *I: OS ANOS DE ANTIOQUIA*

*Queridos irmãos e irmãs,*

celebramos este ano o 16º centenário da morte de São João Crisóstomo (407-2007). Podemos dizer que João de Antioquia, chamado Crisóstomo, isto é, "Boca de ouro", está vivo ainda hoje, devido à sua eloquência, e também às suas obras. Um copista anônimo deixou escrito que estas "atravessam toda a terra como raios cintilantes". Os seus escritos permitem também a nós, como aos fiéis do seu tempo, que foram repetidamente privados dele por causa dos seus exílios, viver com os seus livros, apesar da sua ausência. É o que ele mesmo sugeria do exílio numa das suas cartas (cf. *A Olímpia, Carta* 8,45).

Nascido por volta de 349 em Antioquia da Síria (hoje Antakya, no sul da Turquia), ali exerceu o ministério presbiteral durante aproximadamente onze anos, até 397, quando, nomeado bispo de Constantinopla, desempenhou na capital do império o ministério episcopal antes dos dois exílios, separados de pouco tempo um do outro, entre 403 e 407. Limitamo-nos hoje a considerar os anos antioquenos de Crisóstomo.

Órfão de pai em tenra idade, viveu com a mãe, Antusa, que lhe transmitiu uma delicada sensibilidade humana e uma profunda fé cristã. Frequentando os estudos superiores, coroados pelos cursos de filosofia e retórica, teve como professor Libânio, pagão, o mais célebre retórico da época. Na sua escola, João tornou-se o maior orador da antiguidade grega tardia. Batizado em 368 e formado para a vida eclesiástica pelo bispo Melézio, foi por ele nomeado leitor em 371.

Esse fato assinalou o ingresso oficial de Crisóstomo no *cursus* eclesiástico. De 367 a 372, frequentou o *Asceterio*, uma espécie de seminário de Antioquia, com um grupo de jovens, alguns dos quais se tornaram depois bispos, sob a orientação do famoso exegeta Diodoro de Tarso, que encaminhou João para a exegese histórico-literal, característica da tradição antioquena.

Retirou-se em seguida por quatro anos entre os eremitas no vizinho monte Silpio. Continuou esse retiro por outros dois anos, que viveu sozinho numa gruta sob a orientação de um "ancião". Nesse período dedicou-se totalmente à meditação "das leis de Cristo", do Evangelho e especialmente das Cartas de Paulo. Tendo adoecido, viu-se impossibilitado de curar-se sozinho, e por isso teve de regressar à comunidade cristã de Antioquia (cf. Palladio, *Vita* 5).

O Senhor – explica o biógrafo – interveio com a enfermidade no momento certo para permitir que João seguisse a sua verdadeira vocação. De fato, ele mesmo escrevera que, posto diante da alternativa de escolher entre as adversidades do governo da Igreja e a tranquilidade da vida monástica, teria preferido mil vezes o serviço pastoral (cf. *O sacerdócio* 6,7): exatamente a esse serviço Crisóstomo se sentia chamado. E aqui se realiza a mudança decisiva da sua história vocacional: Pastor de almas em tempo integral! A intimidade com a Palavra de Deus, cultivada durante os anos de eremitério, havia amadurecido nele a urgência irresistível de pregar o Evangelho, de dar aos outros o que ele havia recebido nos anos de meditação. O ideal missionário lançou-o assim, alma de fogo, na ação pastoral.

Entre 378 e 379 voltou à cidade. Diácono em 381 e presbítero em 386, tornou-se célebre pregador nas igrejas da sua cidade. Pronunciou homilias contra os arianos, seguidas pelas comemorativas dos mártires antioquenos e por outras sobre as principais festas litúrgicas: trata-se de um grande ensinamento da fé em Cristo, também à luz dos seus santos.

O ano de 387 foi o "ano heroico" de João, o ano da chamada "revolta das estátuas". O povo derrubou as estátuas imperiais em sinal de protesto contra o aumento dos impostos. Podemos ver que algumas coisas na história nunca mudam! Naqueles dias de Quaresma e de angústia, por causa das punições infligidas por parte do imperador, ele proferiu as suas 22 vibrantes *Homilias sobre as estátuas*, direcionadas à penitência e à conversão. Seguiu-se o período da serena atividade pastoral (387-397).

Crisóstomo está entre os Padres mais prolíficos: dele chegaram até nós dezessete tratados, mais de 700 homilias autênticas, os comentários a Mateus e a Paulo (*Cartas aos Romanos, aos Coríntios, aos Efésios* e *aos Hebreus*) e 241 cartas. Ele não foi um teólogo especulativo. Transmitiu, porém, a doutrina tradicional e segura da Igreja numa época de controvérsias teológicas suscitadas principalmente pelo arianismo, isto é, pela negação da divindade de Cristo.

Ele é, portanto, uma testemunha fidedigna do desenvolvimento dogmático alcançado pela Igreja nos séculos IV-V. A sua teologia é requintadamente pastoral, na qual é constante a preocupação da coerência entre o pensamento expresso pela palavra e a vivência existencial. É este, especialmente, o fio condutor das maravilhosas catequeses com as quais preparava os catecúmenos para receber o batismo. Próximo da morte, escreveu que o valor do homem está no "conhecimento exato da verdadeira doutrina e na retidão da vida" (*Carta do exílio*). As duas coisas, conhecimento da verdade e retidão na vida, andam juntas: o conhecimento deve traduzir-se em vida. Cada intervenção sua sempre teve como objetivo desenvolver nos fiéis o exercício da inteligência, da verdadeira razão, para compreender e traduzir em prática as exigências morais e espirituais da fé.

João Crisóstomo preocupa-se em acompanhar com os seus escritos o desenvolvimento integral da pessoa, nas dimensões física, intelectual e religiosa. As várias fases do crescimento são comparadas a outros tantos mares de um imenso oceano: "O primeiro desses mares é a infância" (*Homilia* 81,5 *sobre o Evangelho de Mateus*).

De fato, "justamente nessa primeira idade se manifestam as inclinações para o vício e para a virtude". Por isso a lei de Deus deve ser desde o início impressa na alma "como numa placa de cera" (*Homilia* 3,1 *sobre o Evangelho de João*): de fato essa é a idade mais importante.

Devemos ter presente como é fundamental que nessa primeira fase da vida entrem realmente no homem as grandes orientações que dão a perspectiva justa à existência. Por isso, Crisóstomo recomenda: "Desde a mais tenra idade, acautelai as crianças com armas espirituais, e ensinai-lhes a persignar a fronte com a mão" (*Homilia* 12,7 *sobre a primeira Carta aos Coríntios*). Vêm depois a adolescência e a juventude: "À infância segue o mar da adolescência, onde os ventos sopram violentos..., porque em nós cresce... a concupiscência" (*Homilia* 81,5 *sobre o Evangelho de Mateus*).

Chegam por fim o noivado e o matrimônio: "À juventude segue-se a idade da pessoa madura, na qual sobrevêm os compromissos de família: é o tempo de procurar esposa" (*ibid.*). Do matrimônio ele lembra os fins, enriquecendo-os – com o apelo à virtude da temperança – com uma rica trama de relações personalizadas.

Os esposos bem preparados barram assim o caminho para o divórcio: tudo é feito com alegria e os filhos podem ser educados para a virtude. Depois, quando nasce o primeiro filho, ele é "como uma ponte; os três tornam-se uma só carne, pois o filho une as duas partes" (*Homilia* 12,5 *sobre a Carta aos Colossenses*), e os três constituem "uma família, pequena Igreja" (*Homilia* 20,6 *sobre a Carta aos Efésios*).

A pregação de Crisóstomo realizava-se habitualmente durante a liturgia, "lugar" em que a comunidade se constrói com a Palavra e a Eucaristia. Aqui a assembleia reunida expressa a única Igreja (*Homilia* 8,7 *sobre a Carta aos Romanos*), a mesma palavra é dirigida em todo lugar a todos (*Homilia* 24,2 *sobre a primeira Carta aos Coríntios*), e a comunhão eucarística torna-se sinal eficaz de unidade (*Homilia* 32,7 *sobre o Evangelho de Mateus*).

O seu projeto pastoral estava inserido na vida da Igreja, na qual os fiéis leigos assumem com o batismo o ofício sacerdotal, régio e profético. Ao fiel leigo ele diz: "Também a ti o batismo faz rei, sacerdote e profeta" (*Homilia* 3,5 *sobre a segunda Carta aos Coríntios*). Provém daqui o dever fundamental da missão, porque cada um é em alguma medida responsável pela salvação dos outros: "Este é o princípio da nossa vida social... não nos interessarmos apenas por nós!" (*Homilia* 9,2 *sobre Gênesis*). Tudo isso se desenvolve entre dois polos: a grande Igreja e a "pequena Igreja", a família, em relação recíproca.

Como podeis ver, queridos irmãos e irmãs, esta lição de Crisóstomo sobre a presença autenticamente cristã dos fiéis leigos na família e na sociedade, continua ainda hoje mais atual do que nunca. Rezemos ao Senhor para que nos torne dóceis aos ensinamentos deste grande Mestre da fé.

*(Audiência geral, 19 de setembro de 2007, Praça São Pedro)*

# SÃO JOÃO CRISÓSTOMO

## *II: OS ANOS DE CONSTANTINOPLA*

*Queridos irmãos e irmãs,*

continuamos hoje a nossa reflexão sobre São João Crisóstomo. Depois do período passado em Antioquia, em 397 ele foi nomeado bispo de Constantinopla, a capital do Império Romano do Oriente. Desde o início, João projetou a reforma da sua Igreja: a austeridade do palácio episcopal devia servir de exemplo para todos – clero, viúvas, monges, pessoas da corte e ricos. Infelizmente, muitos desses, insatisfeitos com suas determinações, afastaram-se dele. Solícito para com os pobres, João foi chamado também de "Esmoler".

De fato, como administrador atento, havia conseguido criar instituições caritativas muito apreciadas. O seu empreendedorismo nos vários campos transformou-o para alguns em perigoso rival. Ele, todavia, como verdadeiro Pastor, tratava todos de modo cordial e paterno. Em particular, reservava atitudes sempre ternas para as mulheres e atenção especial ao matrimônio e à família. Convidava os fiéis a participar da vida litúrgica, que ele tornou esplêndida e atraente com genial criatividade.

Não obstante o seu bom coração, não teve uma vida tranquila. Pastor da capital do império, viu-se frequentemente envolvido em questões e intrigas políticas, devido aos seus constantes contatos com as autoridades e as instituições civis. Depois, no plano eclesiástico, ao depor na Ásia, em 401, seis bispos indignamente eleitos, foi acusado de ultrapassar as fronteiras da própria jurisdição e tornou-se assim alvo de acusações fáceis. Outro pretexto contra ele foi a presença de alguns monges egípcios, excomungados pelo patriarca Teófilo de Alexandria, que se refugiaram em Constantinopla.

Uma acesa polêmica surgiu depois com as críticas feitas por Crisóstomo à imperatriz Eudóxia e às suas cortesãs, que reagiram lançando contra ele descrédito e insultos. Chegou-se assim à sua deposição, no sínodo organizado pelo próprio patriarca Teófilo em 403, com a consequente condenação ao primeiro breve exílio. No seu regresso, a hostilidade de que foi alvo por protestar contra as festas em homenagem à imperatriz – que ele considerava como festas pagãs, suntuosas – e a expulsão dos presbíteros encarregados dos batismos na Vigília Pascal de 404 marcaram o início da perseguição a Crisóstomo e a seus seguidores, conhecidos como "joanitas".

Então João denunciou por carta os fatos ao bispo de Roma, Inocêncio I. Mas já era muito tarde. Em 406, ele precisou refugiar-se novamente no exílio, dessa vez em Cucusa, na Armênia. O papa estava convencido da sua inocência, mas não tinha o poder de ajudá-lo. Um Concílio, desejado por Roma para uma pacificação entre as duas partes do império e entre suas respectivas Igrejas, não pôde ser realizado.

O deslocamento desgastante de Cucusa para Pityus, meta nunca alcançada, devia impedir as visitas dos fiéis e quebrar a resistência do exilado extenuado: a condenação ao exílio foi uma verdadeira condenação à morte! São comoventes as numerosas cartas do exílio, em que João manifesta as suas preocupações pastorais com tons de participação e de dor pelas perseguições contra os seus.

A marcha para a morte terminou em Comana, no Ponto. Aqui João, moribundo, foi levado à capela do mártir São Basilisco, onde rendeu a alma a Deus e foi sepultado, mártir ao lado do mártir (Palladio, *Vita* 119). Era o dia 14 de setembro de 407, festa da Exaltação da Santa Cruz.

A reabilitação aconteceu em 438, com Teodósio II. As relíquias do santo bispo, depositadas na igreja dos Apóstolos em Constantinopla, foram transladadas em 1204 para Roma, para a primitiva basílica constantiniana, e jazem hoje na capela do Coro dos Cônegos da Basílica de São Pedro. Em 24 de agosto de 2004, parte considerável delas foi doada pelo papa João Paulo II ao patriarca Bartolomeu I de Constantinopla. A memória litúrgica do santo celebra-se no dia 13 de setembro. O beato João XXIII proclamou-o padroeiro do Concílio Vaticano II.

A respeito de João Crisóstomo se disse que, quando foi elevado ao trono da Nova Roma, isto é, Constantinopla, Deus mostrou nele um segundo Paulo, um doutor do Universo. Na realidade, há em Crisóstomo uma unidade substancial de pensamento e de ação tanto em Antioquia como em Constantinopla. Mudam apenas o papel e as situações.

Meditando sobre as oito obras realizadas por Deus no decurso dos seis dias no comentário do Gênesis, Crisóstomo quer conduzir os fiéis da criação ao Criador: "É um grande bem", diz, "conhecer o que é a criatura e o que é o Criador."

Ele nos mostra a beleza da criação e a transparência de Deus na sua criação, a qual se torna assim quase uma "escada" para subir a Deus, para conhecê-lo. Mas a esse primeiro passo acrescenta-se um segundo: este Deus criador é também o Deus da condescendência (*synkatábasis*). E assim Deus se torna o Deus da condescendência, que envia ao homem decaído e estrangeiro uma carta, a Sagrada Escritura, de modo que criação e Escritura se completam.

À luz da Escritura, da carta que Deus nos deu, podemos decifrar a criação. Deus é chamado de "pai terno" (*philostórghios*) (*ibid.*), médico das almas (*Homilia* 40,3 *sobre o Gênesis*), mãe (*ibid.*) e amigo afetuoso (*A providência*, 8,11-12). Mas a esse segundo passo – primeiro a criação como "escada" para Deus e depois a condescendência de Deus por meio de uma carta que nos deu, a Sagrada Escritura – soma-se um terceiro passo. Deus não só nos transmite uma carta: definitivamente, Ele mesmo desce, encarna-se, torna-se realmente "Deus conosco", nosso irmão até a morte na cruz. E a esses três passos – Deus é visível na criação, Deus nos dá sua carta, Deus desce e se torna um de nós – acrescenta-se por fim um quarto passo. No interior da vida e da ação do cristão, o princípio vital e dinâmico é o Espírito Santo (*Pneuma*), que transforma as realidades do mundo. Deus entra na nossa própria existência através do Espírito Santo e nos transforma desde o interior do nosso coração.

Nesse cenário, precisamente em Constantinopla, João, no comentário continuado dos *Atos dos Apóstolos*, propõe a experiência da Igreja primitiva (*At* 4,32-37) como modelo para a sociedade, desenvolvendo uma "utopia" social (quase uma "cidade ideal"). Tratava-se na verdade de dar uma alma e um rosto cristão à cidade.

Em outras palavras, Crisóstomo compreendeu que não é suficiente dar esmolas, ajudar os pobres de vez em quando, mas é necessário criar uma nova estrutura, um novo modelo de sociedade: um modelo baseado na perspectiva do Novo Testamento. É a nova sociedade que se revela na Igreja nascente. Por isso João Crisóstomo torna-se assim realmente um dos grandes Padres da doutrina social da Igreja: a velha ideia da "polis" grega é substituída por uma nova ideia de cidade inspirada na fé cristã.

Crisóstomo sustentava com Paulo (cf. *1 Cor* 8,11) a primazia de cada cristão, da pessoa como tal, também do escravo e do pobre. O seu projeto corrige assim a tradicional visão grega da "polis", da cidade, na qual amplas camadas da população eram excluídas dos direitos de cidadania, enquanto na cidade cristã todos são irmãos e irmãs com direitos iguais.

A primazia da pessoa é também a consequência do fato de que realmente partindo dela constrói-se a cidade, enquanto na "polis" grega a pátria estava acima do indivíduo, o qual estava totalmente subordinado à cidade no seu conjunto. Assim, tem início com Crisóstomo a visão de uma sociedade construída pela consciência cristã. E ele nos diz que a nossa "polis" é outra, "a nossa pátria está no céu" (*Fil* 3,20), e essa nossa pátria nos torna todos iguais, irmãos e irmãs, também nesta terra, e nos obriga à solidariedade.

No final da sua vida, do exílio nos confins da Armênia, "o lugar mais remoto do mundo", João, reportando-se à sua primeira pregação de 386, retomou o tema que lhe era tão querido do plano que Deus persegue com relação à humanidade: é um plano "indizível e incompreensível", mas seguramente guiado por Ele com amor (cf. *A providência* 2,6). Essa é a nossa certeza. Mesmo que não possamos decifrar os pormenores da história pessoal e coletiva, saibamos que o plano de Deus é sempre inspirado por seu amor.

Assim, apesar dos seus sofrimentos, Crisóstomo reafirmava a descoberta de que Deus ama a cada um de nós com um amor infinito, e por isso deseja a salvação de todos. De sua parte, o santo bispo cooperou para essa salvação generosamente, sem se poupar, ao longo de toda a sua vida. Considerava de fato o fim último da sua existência aquela glória de Deus que – já agonizante – deixou como extremo testamento: "Glória a Deus por tudo!" (Palladio, *Vita* 11).

*(Audiência geral, 26 de setembro de 2007, Praça São Pedro)*

# SÃO CIRILO DE ALEXANDRIA

*Queridos irmãos e irmãs,*

também hoje, continuando o nosso itinerário que está seguindo as pegadas dos Padres da Igreja, encontramos uma grande figura: São Cirilo de Alexandria. Ligado à controvérsia cristológica que levou ao Concílio de Éfeso de 431 e último representante de relevo da tradição alexandrina, no Oriente grego Cirilo foi mais tarde definido "guardião da exatidão" – que devemos entender como guardião da verdadeira fé – e até "selo dos Padres".

Essas antigas expressões manifestam bem um dado de fato que é característico de Cirilo, ou seja, a constante referência do bispo de Alexandria aos autores eclesiásticos precedentes (entre eles, principalmente Atanásio), com o objetivo de mostrar a continuidade da própria teologia com a Tradição. Ele se insere intencional e explicitamente, na Tradição da Igreja, na qual reconhece a garantia da continuidade com os apóstolos e com o próprio Cristo.

Venerado como santo tanto no Oriente como no Ocidente, em 1882 São Cirilo foi proclamado Doutor da Igreja pelo papa Leão XIII, que contemporaneamente atribuiu o mesmo título também a outro importante expoente da patrística grega, São Cirilo de Jerusalém. Revelam-se assim a atenção e o amor pelas tradições cristãs orientais daquele papa, que em seguida quis proclamar Doutor da Igreja também São João Damasceno, mostrando também desse modo a sua convicção sobre a importância dessas tradições na expressão da doutrina da única Igreja de Cristo.

As informações sobre a vida de Cirilo antes da sua eleição para a importante sede de Alexandria são muito poucas. Sobrinho de Teófilo, que como bispo dirigiu com mão firme e grande prestígio a diocese alexandrina desde 385, Cirilo nasceu provavelmente na mesma metrópole egípcia entre 370 e 380. Foi logo encaminhado à vida eclesiástica e recebeu uma boa educação, tanto cultural como teológica.

Em 403, estava em Constantinopla, acompanhando seu poderoso tio, e ali participou do Sínodo chamado do Carvalho, que depôs o bispo da cidade, João (mais tarde chamado Crisóstomo), assinalando assim o triunfo da sede alexandrina sobre a tradicionalmente rival de Constantinopla, onde residia o imperador. Com a morte do tio Teófilo, o ainda jovem Cirilo foi eleito em 412 bispo da influente Igreja de Alexandria, que governou com grande energia durante 32 anos, visando sempre a afirmar o primado em todo o Oriente, fortalecido também pelos tradicionais vínculos com Roma.

Alguns anos depois, em 417 ou 418, o bispo de Alexandria mostrou-se realista ao restabelecer a comunhão com Constantinopla, desfeita desde 406 em consequência da deposição de Crisóstomo. Mas a antiga divergência com a sede constantinopolitana irrompeu novamente uma década mais tarde, em 428, com a eleição de Nestório, um influente e severo monge de formação antioquena. De fato, o novo bispo de Constantinopla logo suscitou oposições porque na sua pregação preferia para Maria o título de "Mãe de Cristo" (*Christotókos*), em vez daquele – já muito querido à devoção popular – de "Mãe de Deus" (*Theotókos*).

O motivo dessa escolha do bispo Nestório era a sua adesão à cristologia de orientação antioquena que, para salvaguardar a importância da humanidade de Cristo, acabava afirmando a divisão da divindade. E assim deixava de ser verdadeira a união entre Deus e o homem em Cristo e, naturalmente, já não se podia mais falar em "Mãe de Deus".

A reação de Cirilo – então representante máximo da cristologia alexandrina, que aliás pretendia ressaltar fortemente a unidade da pessoa de Cristo – foi quase imediata, e desencadeou-se com todos os meios já a partir de 429, inclusive com algumas cartas enviadas ao próprio Nestório.

Na segunda carta que Cirilo lhe endereçou, em fevereiro de 430, lemos uma clara afirmação do dever dos Pastores de preservar a fé do Povo de Deus. Esse era o seu critério, válido aliás também hoje: a fé do Povo de Deus é expressão da Tradição, é garantia da sã doutrina. Assim escreve a Nestório: "É preciso expor ao povo o ensinamento e a interpretação da fé do modo mais irrepreensível e lembrar que quem escandaliza um só dos pequenos que creem em Cristo padecerá um castigo insuportável."

Na mesma carta a Nestório – carta que mais tarde, em 451, seria aprovada pelo Concílio da Calcedônia, o quarto ecumênico – Cirilo descreve com clareza a sua fé cristológica: "Afirmamos assim que são diferentes as naturezas que se reuniram numa verdadeira unidade, mas de ambas resultou um só Cristo e Filho, não por ter sido eliminada a diferença das naturezas por causa da unidade, mas antes porque a divindade e a humanidade, reunidas em união indizível e inenarrável, produziram para nós o único Senhor, Cristo e Filho." E isso é importante: realmente a verdadeira humanidade e a verdadeira divindade unem-se numa única Pessoa, nosso Senhor Jesus Cristo. Por isso, continua o bispo de Alexandria, "professaremos um só Cristo e Senhor, não no sentido de que adoramos o homem junto com o *Logos*, para não insinuar a ideia da separação ao dizer 'junto', mas no sentido de que adoramos um só e o mesmo, porque não é estranho ao *Logos* o seu corpo, com o qual está também sentado ao lado do seu Pai, não como se sentassem ao seu lado dois filhos, mas um só unido com a própria carne".

E rápido o bispo de Alexandria, graças a alianças prudentes, conseguiu que Nestório fosse reiteradamente condenado: por parte da sé romana, depois com uma série de doze anatematismos por ele mesmo compostos e, por fim, pelo Concílio de Éfeso realizado em 431, o terceiro ecumênico. A assembleia, com altos e baixos tumultuosos, terminou com a primeira grande vitória da devoção a Maria e com o exílio do bispo constantinopolitano que não queria reconhecer à Virgem o título de "Mãe de Deus", por causa de uma cristologia errônea, que causava divisão no próprio Cristo.

Assim, depois de ter prevalecido sobre o seu rival e sobre a sua doutrina, Cirilo conseguiu chegar, já em 433, a uma fórmula teológica de reconciliação com os antioquenos. E também isto é significativo: por um lado, há a clareza da doutrina de fé, mas por outro também a busca intensa da unidade e da reconciliação. Nos anos seguintes dedicou-se de todos os modos à defesa e ao esclarecimento da sua posição teológica até a morte, ocorrida no dia 27 de junho de 444.

Os escritos de Cirilo – realmente muito numerosos e difundidos amplamente também em diversas traduções latinas e orientais ainda durante a sua vida, como testemunho do seu sucesso imediato – são de suma importância para a história do cristianismo. São importantes os seus comentários a muitos livros do Antigo e do Novo Testamento, entre os quais todo o *Pentateuco, Isaías,* os *Salmos* e os evangelhos de *Lucas* e de *João*.

Relevantes são também as muitas obras doutrinárias, em que é recorrente a defesa da fé trinitária contra as teses arianas e contra as de Nestório. Base do ensinamento de Cirilo é a Tradição eclesiástica, e em particular, como mencionei, os escritos de Atanásio, o seu grande predecessor na sede alexandrina.

Entre as outras obras de Cirilo devem finalmente ser lembrados os livros *Contra Juliano*, a última grande resposta às polêmicas anticristãs, ditada pelo bispo de Alexandria provavelmente nos últimos anos da sua vida para replicar a obra *Contra os Galileus*, composta muitos anos antes, em 363, pelo imperador que foi chamado Apóstata por ter abandonado o cristianismo em que havia sido educado.

A fé cristã é antes de tudo um encontro com Jesus, "uma Pessoa que dá à vida um novo horizonte" (Encíclica *Deus caritas est*, 1). De Jesus Cristo, Verbo de Deus encarnado, São Cirilo de Alexandria foi uma testemunha incansável e firme, ressaltando sobretudo a unidade, como ele repete em 433 na primeira carta ao bispo Sucenso: "Um só é o Filho, um só o Senhor Jesus Cristo, tanto antes como depois da encarnação."

"Com efeito, não era um Filho o *Logos* nascido de Deus Pai, e outro o nascido da santa Virgem; mas cremos que precisamente Aquele que existe antes dos tempos nasceu também segundo a carne de uma mulher." Essa afirmação, além do seu significado doutrinal, mostra que a fé em Jesus *Logos* nascido do Pai está também bem arraigada na história porque, como afirma São Cirilo, esse mesmo Jesus entrou no tempo ao nascer de Maria, a *Theotókos*, e segundo a sua promessa, estará sempre conosco. E isto é importante: Deus é eterno, nasceu de uma mulher e permanece conosco todos os dias. Vivamos nesta confiança e nela encontremos o caminho da nossa vida.

*(Audiência geral, 3 de outubro de 2007, Praça São Pedro)*

# SANTO HILÁRIO DE POITIERS

*Queridos irmãos e irmãs,*

eu gostaria hoje de falar sobre um grande Padre da Igreja do Ocidente, Santo Hilário de Poitiers, uma das grandes figuras de Bispos do século IV. No confronto com os arianos, que consideravam o Filho de Deus Jesus uma criatura, mesmo que excelente, mas só criatura, Hilário consagrou toda a sua vida à defesa da fé na divindade de Jesus Cristo, Filho de Deus e Deus como o Pai, que o gerou desde toda a eternidade.

Não dispomos de dados seguros sobre a maior parte da vida de Hilário. Fontes antigas dizem que ele nasceu em Poitiers, provavelmente por volta do ano 310. De família abastada, recebeu uma sólida formação literária, bem perceptível nos seus escritos. Não parece que tenha crescido num ambiente cristão. Ele mesmo nos fala de um caminho de busca da verdade que aos poucos o conduziu ao reconhecimento do Deus criador e do Deus encarnado, que morreu para nos dar a vida eterna.

Batizado por volta de 345, foi eleito bispo da sua cidade natal em 353 ou 354. Nos anos seguintes, Hilário escreveu a sua primeira obra, o *Comentário ao Evangelho de Mateus*. Trata-se do comentário mais antigo em língua latina desse Evangelho que chegou até nós.

Em 356, Hilário participou como bispo do sínodo de Béziers, no sul da França, o "sínodo dos falsos apóstolos", como ele mesmo o denomina, a partir do momento em que a assembleia foi dominada pelos bispos filoarianos, que negavam a divindade de Jesus Cristo. Esses "falsos apóstolos" pediram ao imperador Constâncio a condenação ao exílio do bispo de Poitiers. Assim Hilário foi obrigado a deixar a Gália durante o verão de 356.

Exilado na Frígia, na atual Turquia, Hilário entrou em contato com um contexto religioso totalmente dominado pelo arianismo. Também ali a sua solicitude de Pastor o levou a trabalhar incansavelmente pelo restabelecimento da unidade da Igreja, com base na reta fé formulada pelo Concílio de Niceia.

Com esse propósito iniciou a redação da sua obra dogmática mais importante e conhecida: *A Trindade*. Nela Hilário expõe o seu caminho pessoal rumo ao conhecimento de Deus e preocupa-se em mostrar que a Escritura afirma claramente a divindade do Filho e a sua igualdade com o Pai, não só no Novo Testamento, mas também em muitas páginas do Antigo, onde já aparece o mistério de Cristo.

Perante os arianos, ele insiste sobre a verdade dos nomes de Pai e de Filho e desenvolve toda a sua teologia trinitária partindo da fórmula do batismo dada pelo próprio Senhor: "Em nome do Pai e do Filho e do Espírito Santo."

O Pai e o Filho são da mesma natureza. E se algumas passagens do Novo Testamento poderiam levar a pensar que o Filho é inferior ao Pai, Hilário oferece regras precisas para evitar interpretações desorientadoras: alguns textos da Escritura falam de Jesus como Deus, outros por sua vez destacam a sua humanidade. Alguns se referem a Ele na sua preexistência junto ao Pai; outros levam em consideração o estado de submissão (*kénosis*), a sua descida até a morte; outros, enfim, o contemplam na glória da ressurreição.

Nos anos do seu exílio, Hilário escreveu também o *Livro dos Sínodos*, no qual reproduz e comenta para os seus confrades bispos da Gália as confissões de fé e outros documentos dos sínodos reunidos no Oriente por volta da metade do século IV.

Sempre firme na oposição aos arianos radicais, Santo Hilário mostra um espírito conciliador com relação aos que aceitavam confessar que o Filho era *semelhante* ao Pai na essência, naturalmente procurando conduzi-los a uma fé plena, segundo a qual não há apenas uma semelhança, mas uma verdadeira igualdade do Pai e do Filho na divindade. Também isto me parece característico: o espírito de conciliação que procura compreender aqueles que ainda não chegaram e os ajuda, com grande inteligência teológica, a alcançar a fé plena na divindade verdadeira do Senhor Jesus Cristo.

Em 360 ou 361, Hilário pôde finalmente voltar do exílio e logo retomou a atividade pastoral na sua Igreja, mas a influência do seu magistério expandiu-se de fato muito além dos seus confins. Um sínodo celebrado em Paris em 360 ou 361 retoma a linguagem do Concílio de Niceia.

Alguns autores antigos pensam que essa virada antiariana do episcopado da Gália tenha sido em grande parte devida à firmeza e à mansidão do bispo de Poitiers. Esse era exatamente o seu dom: conjugar firmeza na fé e mansidão na relação interpessoal.

Nos últimos anos de vida, ele compôs ainda os *Tratados sobre os Salmos*, um comentário a 58 salmos, interpretados segundo o princípio evidenciado na introdução à obra: "Não há dúvida de que todas as coisas ditas nos salmos devem ser entendidas segundo o anúncio evangélico, de modo que, seja qual for a voz com que o espírito profético tenha falado, tudo no entanto seja referido ao conhecimento da vinda do Senhor nosso Jesus Cristo, à sua encarnação, paixão e reino, e à glória e poder da nossa ressurreição" (*Instrução sobre os Salmos* 5).

Ele vê em todos os salmos essa transparência do mistério de Cristo e do seu Corpo que é a Igreja. Hilário se encontrou com São Martinho diversas vezes: bem perto de Poitiers, o futuro bispo de Tours fundou um mosteiro, que existe ainda hoje. Hilário faleceu em 367. A sua memória litúrgica é celebrada no dia 13 de janeiro. Em 1851, o beato Pio IX proclamou-o Doutor da Igreja.

Para resumir o essencial da sua doutrina, eu gostaria de dizer que Hilário encontra o ponto de partida da sua reflexão teológica na fé batismal. No *De Trinitate*, ele escreve: Jesus "mandou batizar em nome do Pai e do Filho e do Espírito Santo (cf. *Mt* 28,19), isto é, na confissão do Autor, do Unigênito e do Dom".

"Um só é o Autor de todas as coisas, porque um só é Deus Pai, do qual tudo procede. E um só é o Senhor nosso Jesus Cristo, mediante o qual tudo foi feito (*1 Cor* 8,6), e um só é o Espírito (*Ef* 4,4), dom em todos (...). Em nada pode faltar uma plenitude tão grande, na qual convergem no Pai, no Filho e no Espírito Santo a imensidão no Eterno, a revelação na Imagem, a alegria no Dom" (2,1).

Deus Pai, sendo todo amor, é capaz de comunicar em plenitude a sua divindade ao Filho. É para mim particularmente bela a seguinte fórmula de Santo Hilário: "Deus sabe ser unicamente amor, sabe ser unicamente Pai. E quem ama não é invejoso, e quem é Pai o é na sua totalidade. Este nome não admite sujeições, como se Deus fosse pai em certos aspectos e em outros não" (*ibid.*, 9,61).

Por isso o Filho é plenamente Deus sem nenhuma carência ou diminuição: "Aquele que procede do perfeito é perfeito, porque quem tem tudo deu-lhe tudo" (*ibid.*, 2,8). Só em Cristo, Filho de Deus e Filho do homem, a humanidade encontra salvação. Assumindo a natureza humana, Ele uniu em si cada homem, "fez-se a carne de todos nós" (*Tratado sobre os Salmos* 54,9); "assumiu em si a natureza de toda carne e, tornando-se por meio desta a verdadeira videira, tem em si a raiz de cada ramo" (*ibid.*, 51,16).

Exatamente por isso o caminho para Cristo está aberto a todos – porque ele atraiu a todos no seu ser homem –, mesmo sendo exigida sempre a conversão pessoal: "Mediante a relação com a sua carne, o acesso a Cristo está aberto a todos, com a condição de que se despojem do homem velho (cf. *Ef* 4,22) e o preguem na sua cruz (cf. *Cl* 2,14); com a condição de que abandonem as obras de antes e se convertam, para ser sepultados com Ele no seu batismo, em vista da vida (cf. *Cl* 1,12; *Rm* 6,4)" (*ibid.*, 91,9).

A fidelidade a Deus é um dom da sua graça. Por isso Santo Hilário, no fim do seu tratado sobre a Trindade, reza para manter-se sempre fiel à fé do batismo. É uma característica deste livro: a reflexão se transforma em oração e a oração volta a ser reflexão. O livro todo é um diálogo com Deus.

Eu gostaria de concluir a catequese de hoje com uma dessas orações, que se torna assim também oração nossa: "Faz, ó Senhor – recita Hilário de modo inspirado – com que eu me mantenha sempre fiel ao que professei no Símbolo da minha regeneração, quando fui batizado no Pai, no Filho e no Espírito Santo. Que eu te adore, nosso Pai, e contigo o teu Filho; que eu mereça o teu Espírito Santo, que procede de ti mediante o teu Unigênito... Amém" (*A Trindade* 12,57).

*(Audiência geral, 10 de outubro de 2007, Praça São Pedro)*

# SANTO EUSÉBIO DE VERCELLI

*Queridos irmãos e irmãs,*

esta manhã convido-vos a refletir sobre Santo Eusébio de Vercelli, o primeiro bispo da Itália setentrional de quem temos informações seguras. Nascido na Sardenha no início do século IV, ainda em tenra idade transferiu-se para Roma com a família. Mais tarde foi instituído leitor, passando assim a fazer parte do clero da cidade numa época em que a Igreja era seriamente posta à prova pela heresia ariana.

A grande estima devotada a Eusébio explica a sua eleição em 345 para a cátedra episcopal de Vercelli. O novo bispo iniciou imediatamente uma intensa obra de evangelização num território ainda em grande parte pagão, especialmente nas zonas rurais. Inspirado em Santo Atanásio – que havia escrito a *Vida de Santo Antão*, iniciador do monasticismo no Oriente –, fundou em Vercelli uma comunidade sacerdotal semelhante a uma comunidade monástica.

Esse cenóbio conferiu ao clero da Itália setentrional uma marca significativa de santidade apostólica e suscitou figuras de bispos importantes, como Limênio e Honorato, sucessores de Eusébio em Vercelli, Gaudêncio em Novara, Esuperâncio em Tortona, Eustásio em Aosta, Eulógio em Ivrea, Máximo em Turim, todos venerados pela Igreja como santos.

Com sólida formação na fé nicena, Eusébio defendeu com todas as forças a divindade plena de Jesus Cristo, definido pelo *Credo* de Niceia como sendo "da mesma substância" do Pai. Com esse objetivo aliou-se com os grandes Padres do século IV – principalmente com Santo Atanásio, o alferes da ortodoxia nicena – contra a política filoariana do imperador.

Para o imperador, a fé ariana, mais simples, parecia politicamente mais útil como ideologia do império. Para ele não contava a verdade, mas a oportunidade política: pretendia instrumentalizar a religião como vínculo da unidade do império. Mas esses grandes Padres resistiram defendendo a verdade contra o domínio da política. Por isso Eusébio foi condenado ao exílio, à semelhança de muitos outros bispos do Oriente e do Ocidente: como o próprio Atanásio, como Hilário de Poitiers –, de quem falamos no último encontro –, como Ósio de Córdova.

Em Citópolis, na Palestina, onde foi confinado entre 355 e 360, Eusébio escreveu uma página admirável da sua vida. Também aqui fundou um cenóbio com um pequeno grupo de discípulos, e daqui cuidou da correspondência com os seus fiéis do Piemonte, como demonstra principalmente a segunda das três *Cartas* eusebianas reconhecidas como autênticas.

Em seguida, depois de 360, foi exilado na Capadócia e em Tebaida, onde padeceu graves torturas físicas. Em 361, morto Constâncio II, sucedeu-lhe o imperador Juliano, chamado o Apóstata, que não se interessava pelo cristianismo como religião do império, mas queria simplesmente restabelecer o paganismo. Ele revogou o exílio desses bispos e permitiu assim que também Eusébio voltasse a tomar posse da sua sede. Em 362, ele foi convidado por Atanásio a participar do Concílio de Alexandria, que decidiu perdoar os bispos arianos contanto que voltassem ao estado laical.

Eusébio pôde exercer ainda por uma década, até a morte, o ministério episcopal, mantendo com a sua cidade uma relação exemplar que não deixou de inspirar o serviço pastoral de outros bispos da Itália setentrional, dos quais nos ocuparemos nas próximas catequeses, como Santo Ambrósio de Milão e São Máximo de Turim.

A relação entre o Bispo de Vercelli e a sua cidade é iluminada sobretudo por dois testemunhos epistolares. O primeiro encontra-se na *Carta* já citada, que Eusébio escreveu do exílio de Citópolis "aos diletíssimos irmãos e aos presbíteros tão desejados, e também aos santos povos unidos na fé de Vercelli, Novara, Ivrea e Tortona" (*Ep. segunda*). Essas expressões iniciais, que mostram a comoção do bom Pastor diante do seu rebanho, encontram ampla correspondência no fim da *Carta*, nas saudações muito calorosas do pai a todos e a cada um dos seus filhos de Vercelli, com expressões carregadas de afeto e de amor.

Devemos observar antes de tudo a relação explícita que liga o bispo às *sanctae plebes* não só de *Vercellae*/Vercelli – a primeira e, por alguns anos ainda, a única diocese do Piemonte –, mas também de *Novaria*/Novara, *Eporedia*/Ivrea e *Dertona*/Tortona, isto é, daquelas comunidades cristãs que, no interior da mesma diocese, haviam alcançado certa consistência e autonomia.

Outro elemento interessante é fornecido pela despedida que finaliza a *Carta*: Eusébio pede a seus filhos e filhas que saúdem "também aqueles que estão fora da Igreja e que se dignam nutrir por nós sentimentos de amor: *etiam hos, qui foris sunt et nos dignantur diligere*". Sinal evidente de que a relação do bispo com a sua cidade não se limitava à população cristã, mas se estendia também àqueles que – estando fora da Igreja – reconheciam de algum modo a autoridade espiritual e amavam esse homem exemplar.

O segundo testemunho da singular relação do bispo com a sua cidade provém da *Carta* que Santo Ambrósio de Milão escreveu aos vercelienses por volta de 394, mais de vinte anos depois da morte de Eusébio (*Ep. extra collectionem* 14). A Igreja de Vercelli passava por um momento difícil: estava dividida e sem Pastor. Com franqueza, Ambrósio declara hesitar em reconhecer naqueles vercelienses "a descendência dos santos pais que aprovaram Eusébio tão logo o viram, sem nunca tê-lo conhecido antes, esquecendo inclusive os próprios concidadãos". Na mesma *Carta*, o bispo de Milão afirma do modo mais claro a sua estima por Eusébio: "Um homem tão grandioso", escreve de modo peremptório, "bem mereceu ser eleito por toda a Igreja."

A admiração de Ambrósio por Eusébio baseava-se principalmente no fato de que o bispo de Vercelli governava a diocese com o testemunho da sua vida: "Com a austeridade do jejum governava a sua Igreja."

De fato, também Ambrósio se sentia fascinado – como ele mesmo reconhece – pelo ideal monástico da contemplação de Deus, que Eusébio havia perseguido no seguimento do profeta Elias. Em primeiro lugar – observa Ambrósio – o bispo de Vercelli reuniu o próprio clero em *vita communis* e o educou à "observância das regras monásticas, mesmo vivendo na cidade". O bispo e o seu clero deviam participar dos problemas dos cidadãos, e o fizeram de modo fidedigno, precisamente cultivando ao mesmo tempo uma cidadania diferente, a do céu (cf. *Hb* 13,14). E assim construíram realmente uma verdadeira cidadania, uma verdadeira solidariedade comum entre os cidadãos de Vercelli.

Assim Eusébio, enquanto fazia sua a causa da *sancta plebs* de Vercelli, vivia na cidade como monge, abrindo a cidade para Deus. Esse modo de agir, portanto, nada tirou ao seu dinamismo pastoral exemplar. Parece, aliás, que ele instituiu em Vercelli as freguesias para um serviço eclesial ordenado e estável, e que promoveu os santuários marianos para a conversão das populações rurais pagãs. Mais, esse "traço monástico" conferia uma dimensão peculiar à relação do bispo com a sua cidade. Como já os apóstolos, pelos quais Jesus rezava na sua Última Ceia, os Pastores e os fiéis da Igreja "estão no mundo" (*Jo* 17,11), mas não são "do mundo". Por isso, os Pastores – lembrava Eusébio – devem exortar os fiéis a não considerar as cidades do mundo como a sua habitação estável, mas a procurar a Cidade futura, a Jerusalém definitiva do céu.

Essa "reserva escatológica" permite aos Pastores e aos fiéis salvar a escala justa dos valores, sem nunca se submeter às modas do momento e às pretensões injustas do poder político em exercício. A escala autêntica dos valores – parece dizer a vida toda de Eusébio – não provém dos imperadores de ontem e de hoje, mas de Jesus Cristo, o Homem perfeito, igual ao Pai na divindade, e no entanto homem como nós. Referindo-se a essa escala de valores, Eusébio não se cansa de "recomendar calorosamente" aos seus fiéis "que guardem com toda a solicitude a fé, mantenham a concórdia, sejam assíduos na oração" (*Ep. segunda*).

Queridos amigos, também eu vos recomendo com todo o meu coração esses valores perenes, ao saudar-vos e abençoar-vos com as mesmas palavras com que o santo bispo Eusébio concluía a sua segunda *Carta*: "Dirijo-me a vós todos, meus irmãos e santas irmãs, filhos e filhas, fiéis dos dois sexos e de todas as idades, para que vos digneis (...) levar a nossa saudação também àqueles que estão fora da Igreja, e que se dignem ter por nós sentimentos de amor" (*ibid.*).

*(Audiência geral, 17 de outubro de 2007, Praça São Pedro)*

# SANTO AMBRÓSIO

*Queridos irmãos e irmãs,*

o santo bispo Ambrósio – de quem vos falarei hoje – faleceu em Milão, na noite de 3 para 4 de abril de 397. Era o amanhecer do Sábado Santo. No dia anterior, por volta das cinco da tarde, ele se pusera a rezar, deitado na cama, com os braços abertos em forma de cruz. Participava, assim, no solene tríduo pascal, da morte e ressurreição do Senhor. "Nós víamos os seus lábios mover-se", diz Paulino, o diácono fiel que a convite de Agostinho, escreveu *Vida*, "mas não ouvíamos a sua voz". De repente, a situação pareceu precipitar-se. Honorato, bispo de Vercelli, que assistia Ambrósio e dormia no piso superior, foi acordado por uma voz que repetia: "Levanta-te, rápido! Ambrósio está para morrer..." Honorato desceu imediatamente – continua Paulino – "e deu ao santo o Corpo do Senhor. Logo que O recebeu e engoliu, Ambrósio rendeu o espírito, levando consigo o bom viático. Assim a sua alma, fortalecida pela virtude do alimento, goza agora da companhia dos anjos" (*Vida* 47).

Naquela Sexta-feira Santa de 397, os braços abertos de Ambrósio moribundo expressavam a sua mística participação na morte e na ressurreição do Senhor. Essa era a sua última catequese: no silêncio das palavras, ele falava ainda com o testemunho da vida.

Quando morreu, Ambrósio não era velho. Não tinha nem 60 anos, tendo nascido por volta de 340 em Trier, onde o pai era prefeito das Gálias. A família era cristã. Com a morte do pai, a mãe o levou a Roma quando ele ainda era adolescente, e o preparou para a carreira civil, assegurando-lhe uma sólida instrução retórica e jurídica. Por volta de 370, foi enviado para governar as províncias da Emília e da Ligúria, com sede em Milão. Justamente ali efervescia a luta entre ortodoxos e arianos, principalmente depois da morte do bispo ariano Auxêncio. Ambrósio interveio para pacificar os ânimos das duas facções adversárias, e a sua autoridade foi tal que ele, embora simples catecúmeno, foi aclamado pelo povo bispo de Milão.

Até aquele momento Ambrósio era o mais alto magistrado do império na Itália setentrional. Culturalmente muito preparado, mas de igual modo despreparado na abordagem das Escrituras, o novo bispo pôs-se a estudar ativamente. Aprendeu a conhecer e a comentar a Bíblia pelas obras de Orígenes, o mestre indiscutível da "escola alexandrina". Assim Ambrósio transferiu para o ambiente latino a meditação das Escrituras iniciada por Orígenes, começando no Ocidente a prática da *lectio divina*. O método da *lectio* passou a orientar toda a pregação e os escritos de Ambrósio, que fluem precisamente da *escuta orante* da Palavra de Deus.

Um célebre exórdio de uma catequese ambrosiana mostra claramente como o santo bispo aplicava o Antigo Testamento à vida cristã: "Quando se liam as histórias dos Patriarcas e as máximas dos Provérbios, falávamos todos os dias de moral – diz o bispo de Milão aos seus catecúmenos e aos neófitos – para que, formados e instruídos por elas, vos habituásseis a entrar na via dos Padres e a seguir o caminho da obediência aos preceitos divinos" (*Os mistérios* 1,1).

Em outras palavras, os neófitos e os catecúmenos, a juízo do bispo, depois de ter aprendido a arte de viver bem, já podiam considerar-se preparados para os grandes mistérios de Cristo. Assim a pregação de Ambrósio – que representa o núcleo da sua imensa obra literária – parte da leitura dos Livros sagrados ("os Patriarcas", isto é, os Livros históricos, e "os Provérbios", ou seja, os Livros sapienciais), para viver em conformidade com a divina Revelação.

É evidente que o testemunho pessoal do pregador e o nível de exemplo da comunidade cristã condicionam a eficácia da pregação. Desse ponto de vista, é significativo um trecho das *Confissões* de Santo Agostinho. Ele viera a Milão como professor de retórica; era cético, não cristão. Estava procurando, mas não conseguia encontrar realmente a verdade cristã.

A comover o coração do jovem retórico africano em busca, e a estimulá-lo à conversão definitivamente, não foram antes de tudo as belas homilias de Ambrósio (apesar de muito apreciadas por ele). Foi, antes, o testemunho do bispo e da sua Igreja milanesa, que rezava e cantava, compacta como um só corpo: uma Igreja capaz de resistir à prepotência do imperador e de sua mãe, que nos primeiros dias de 386 haviam voltado com a intenção de requisitar um edifício de culto para as cerimônias dos arianos.

No edifício pretendido – narra Agostinho – "o povo devoto velava, pronto a morrer com o próprio bispo". Esse testemunho das *Confissões* é precioso, porque mostra que alguma coisa estava em movimento no íntimo de Agostinho, que prossegue: "Também nós, embora ainda espiritualmente tépidos, participávamos da exaltação de todo o povo" (*Confissões* 9,7).

Da vida e do exemplo do bispo Ambrósio, Agostinho aprendeu a crer e a pregar. Podemos referir-nos a um célebre sermão do africano, que mereceu ser citado muitos séculos depois na Constituição conciliar *Dei Verbum*: "É necessário – admoesta de fato a *Dei Verbum* no número 25 – que todos os clérigos, sobretudo os sacerdotes de Cristo e outros que, como diáconos ou catequistas, legitimamente se consagram ao ministério da Palavra, se apeguem às Escrituras por meio de assídua leitura sacra e aplicado estudo, para que nenhum deles venha a ser – e aqui a citação agostiniana – 'vão pregador da Palavra de Deus externamente aquele que não a ouve internamente'". Havia aprendido precisamente de Ambrósio esse "ouvir internamente", essa assiduidade na leitura da Sagrada Escritura em atitude de oração, de modo a acolher realmente no próprio coração e assimilar a Palavra de Deus.

Queridos irmãos e irmãs, eu gostaria de propor-vos ainda uma espécie de "ícone patrístico" que, interpretado à luz do que dissemos, representa eficazmente "o coração" da doutrina ambrosiana. No sexto livro das *Confissões*, Agostinho narra o seu encontro com Ambrósio, um encontro certamente de grande importância na história da Igreja.

Ele escreve textualmente que, quando procurava o bispo de Milão, encontrava-o regularmente ocupado com *catervae* de pessoas cheias de problemas, por cujas necessidades ele se desvelava. Havia sempre uma longa fila que esperava falar com Ambrósio para dele receber conforto e esperança. Quando Ambrósio não estava com elas, com o povo (e isso acontecia pelo espaço de muito pouco tempo), restabelecia o corpo com o alimento necessário ou alimentava o espírito com leituras. Aqui Agostinho admira-se, porque Ambrósio lia as Escrituras em silêncio, apenas com os olhos (cf. *Confissões* 6,3).

Na verdade, nos primeiros séculos cristãos, a leitura era estritamente concebida para a proclamação, e ler em voz alta facilitava a compreensão também de quem lia. O fato de Ambrósio percorrer as páginas só com os olhos demonstra ao surpreso Agostinho uma capacidade singular de leitura e de familiaridade com as Escrituras. Pois bem, naquela "leitura murmurada", onde o coração se esforça para chegar à inteligência da Palavra de Deus – eis "o ícone" de que estamos falando –, pode-se entrever o método da catequese ambrosiana: é a própria Escritura, intimamente assimilada, que sugere os conteúdos a anunciar para levar à conversão dos corações.

Assim, segundo o magistério de Ambrósio e de Agostinho, a catequese é inseparável do testemunho de vida. Pode servir também para o catequista o que escrevi na *Introdução ao cristianismo*, a propósito do teólogo. Quem educa para a fé não pode arriscar parecer uma espécie de *clown*, que recita uma parte "por profissão". Antes – para usar uma imagem cara a Orígenes, escritor particularmente apreciado por Ambrósio –, ele deve ser como o discípulo amado, que reclinou a cabeça sobre o coração do Mestre e ali aprendeu o modo de pensar, de falar e de agir. No fim de tudo, o verdadeiro discípulo é aquele que anuncia o Evangelho no modo mais fidedigno e eficaz.

Como o apóstolo João, o bispo Ambrósio – que nunca se cansava de repetir: "*Omnia Christus est nobis;* Cristo é tudo para nós!" – permanece uma autêntica testemunha do Senhor. Com as suas próprias palavras, cheias de amor a Jesus, concluímos assim a nossa catequese: "*Omnia Christus est nobis!* Se queres curar uma ferida, Ele é o médico; se estás a arder de febre, Ele é a fonte; se estás oprimido pela iniquidade, Ele é a justiça; se precisas de ajuda, Ele é a força; se temes a morte, Ele é a vida; se desejas o céu, Ele é o caminho; se estás nas trevas, Ele é a luz (...). Provai e vede como o Senhor é bom: feliz o homem que n'Ele espera!" (*A virgindade* 16,99). Esperemos também nós em Cristo. Seremos assim felizes e viveremos em paz.

*(Audiência geral, 24 de outubro de 2007, Praça São Pedro)*

# SÃO MÁXIMO DE TURIM

*Queridos irmãos e irmãs,*

entre o final do século IV e início do V, outro Padre da Igreja, depois de Santo Ambrósio, contribuiu decididamente para a difusão e consolidação do cristianismo na Itália setentrional: São Máximo, que encontramos como bispo de Turim em 398, um ano depois da morte de Ambrósio. São muito poucas as informações que temos sobre ele; em compensação, chegou até os nossos dias uma coletânea de cerca de noventa *Sermões*. Deles emerge aquele vínculo profundo e vital do bispo com a sua cidade, que revela um ponto de contato evidente entre o ministério episcopal de Ambrósio e o de Máximo.

Naquela época, graves tensões perturbavam a convivência civil ordenada. Nesse contexto, Máximo conseguiu reunir o povo cristão em torno da sua pessoa de Pastor e mestre. A cidade estava ameaçada por grupos dispersos de bárbaros que, entrando pelos desfiladeiros orientais, chegavam até os Alpes ocidentais. Por isso Turim era permanentemente protegida por guarnições militares e se tornava, nos momentos críticos, o refúgio das populações em fuga dos campos e dos centros urbanos desguarnecidos. As intervenções de Máximo, diante dessa situação, testemunham o compromisso de reagir à degradação civil e à desagregação.

Embora seja difícil determinar a composição social dos destinatários dos *Sermões*, parece que a pregação de Máximo – para superar o risco da generalidade – era dirigida de modo específico a um núcleo selecionado da comunidade cristã de Turim, constituído de ricos proprietários rurais, que tinham suas posses no interior de Turim e casa na cidade. Foi uma escolha pastoral lúcida do bispo, que entreviu nesse tipo de pregação a maneira mais eficaz para manter e estreitar o próprio vínculo com o povo.

Nessa perspectiva, para ilustrar o ministério de Máximo na sua cidade, eu gostaria de citar como exemplo os *Sermões* 17 e 18, dedicados a um tema sempre atual, o da riqueza e da pobreza nas comunidades cristãs. Também nesse âmbito graves tensões dominavam a cidade. As riquezas eram acumuladas e ocultadas. "Ninguém pensa nas necessidades dos outros", constata amargamente o bispo no seu décimo sétimo *Sermão*. "De fato, muitos cristãos não só não distribuem os próprios bens, mas também tomam o dos outros. Não só, digo, recolhendo o seu dinheiro, não o levam aos pés dos apóstolos, mas ainda afastam dos pés dos sacerdotes os irmãos que procuram ajuda." E conclui: "Há muitos hóspedes ou peregrinos na nossa cidade. Fazei o que haveis prometido" aderindo à fé, "para que não se diga também a vós o que foi dito a Ananias: 'Não mentiste aos homens, mas a Deus'" (*Sermão* 17,2-3).

No *Sermão* seguinte, o décimo oitavo, Máximo estigmatiza formas recorrentes de rapinagem sobre as desgraças do próximo. "Dize-me, cristão", assim interpela o bispo os seus fiéis, "dize-me: por que te apoderaste do espólio da vítima abandonada pelos salteadores? Por que introduziste na tua casa um 'ganho', como tu mesmo consideras, dilacerado e contaminado?" "Mas, talvez", continua, "tu digas que o compraste, e por isso pensas evitar a acusação de avarento. Mas não é desse modo que se pode fazer corresponder a compra à venda. É boa coisa comprar, mas em tempo de paz o que se vende livremente, não o que foi roubado durante um saque (...). Age, portanto, como cristão e como cidadão que compra para restituir" (*Sermão* 18,3).

Com discrição, Máximo consegue assim pregar uma relação profunda entre os deveres do cristão e os do cidadão. Aos seus olhos, viver a vida cristã significa também assumir os compromissos civis. E vice-versa, todo cristão que, "mesmo podendo viver com o seu trabalho, captura a presa do outro com o furor das feras"; que "arma ciladas para o seu vizinho, que todos os dias procura corroer as divisas do terreno do outro, apossar-se dos produtos", nem sequer é semelhante à raposa que degola as galinhas, mas ao lobo que se lança sobre porcos (*Sermão* 41,4).

Com relação à prudente atitude de defesa assumida por Ambrósio para justificar a sua famosa iniciativa de resgatar os prisioneiros de guerra, emergem claramente as mudanças históricas sobrevindas na relação entre o bispo e as instituições públicas.

Apoiado por uma legislação que recomendava aos cristãos que redimissem os prisioneiros, Máximo, na derrocada das autoridades civis do império romano, sentia-se plenamente autorizado a exercer nesse sentido um verdadeiro e próprio poder de controle sobre a cidade. Esse poder tornar-se-ia depois cada vez mais amplo e eficaz, até suprir a ausência de magistrados e de instituições civis.

Nesse contexto, Máximo não só se empenha em reacender nos fiéis o amor tradicional pela cidade-*patria*, mas proclama também o precioso dever de cumprir os encargos fiscais, por mais onerosos e desagradáveis que possam parecer (*Sermão* 26,2).

Em suma, o tom e a substância dos *Sermões* supõem uma consciência ampliada da responsabilidade política do bispo nas circunstâncias históricas específicas. Ele é "a sentinela" posta na cidade. Quem são essas sentinelas, pergunta-se enfim Máximo no *Sermão* 92, "senão os beatíssimos bispos que, postos por assim dizer sobre uma fortaleza de sabedoria para a defesa dos povos, veem de longe os males que se aproximam?"

E no *Sermão* 89, o bispo de Turim ilustra aos fiéis os seus deveres, servindo-se de uma comparação singular entre a função episcopal e a das abelhas: "Como a abelha", diz, os bispos "observam a castidade do corpo, oferecem o alimento da vida celeste, usam o aguilhão da lei. São puros para santificar, suaves para restaurar, severos para punir." Assim São Máximo descreve a tarefa do bispo no seu tempo.

Enfim, a análise histórica e literária demonstra uma crescente consciência da responsabilidade política da autoridade eclesiástica, num contexto em que ela ia substituindo a civil. É essa realmente a linha de desenvolvimento do ministério do bispo no noroeste da Itália, a partir de Eusébio, que "como monge" morava na sua Vercelli, até Máximo de Turim, que foi posto "como sentinela" sobre a fortaleza mais alta da cidade. É evidente que o contexto histórico, cultural e social é hoje profundamente diferente.

O contexto atual é antes o que foi descrito pelo meu venerado predecessor, o papa João Paulo II, na Exortação pós-sinodal *Ecclesia in Europa*, onde oferece uma análise detalhada dos desafios e dos sinais de esperança para a Igreja na Europa hoje (6-22). Em todo caso, exceção feita às condições alteradas, permanecem sempre válidos os deveres do crente para com a sua cidade e a sua pátria. O entrelaçamento dos compromissos do "cidadão honesto" com os do "bom cristão" não está absolutamente superado.

Como conclusão, eu gostaria de lembrar o que diz a Constituição pastoral *Gaudium et spes* para iluminar um dos aspectos mais importantes da unidade de vida do cristão: a coerência entre fé e comportamento, entre Evangelho e cultura. O Concílio exorta os cristãos a "procurarem desempenhar fielmente os seus deveres terrestres, guiados pelo espírito do Evangelho. Afastam-se da verdade os que, sabendo não termos aqui cidade permanente, mas buscarmos a futura, julgam, por conseguinte, poder negligenciar os seus deveres terrestres, não advertindo que estão mais obrigados a cumpri-los, por causa da própria fé, de acordo com a vocação à qual cada um foi chamado" (n. 43).

Seguindo o magistério de São Máximo e de muitos outros Padres, façamos nossos os votos do Concílio, que os fiéis se sintam cada vez mais desejosos de "exercer todas as suas atividades terrestres, unindo os esforços humanos, domésticos, profissionais, científicos ou técnicos em uma síntese vital com os valores religiosos, sob cuja altíssima direção todas as coisas são coordenadas para a glória de Deus" (*ibid.*) e assim para o bem da humanidade.

*(Audiência geral, 31 de outubro de 2007, Praça São Pedro)*

# SÃO JERÔNIMO

## *I: VIDA E OBRAS*

*Queridos irmãos e irmãs,*

concentraremos a nossa atenção hoje sobre São Jerônimo, um Padre da Igreja que pôs a Bíblia como o centro da sua vida: traduziu-a para a língua latina, comentou-a nas suas obras, e principalmente empenhou-se em vivê-la concretamente na sua longa existência terrena, não obstante o bem conhecido caráter difícil e impetuoso que recebeu da natureza.

Jerônimo nasceu em Estridão por volta de 347, de família cristã, que lhe garantiu uma cuidadosa formação, enviando-o também a Roma para aperfeiçoar os estudos. Como jovem sentiu os atrativos da vida mundana (cf. *Ep*. 22,7), mas prevaleceu nele o desejo e o interesse pela religião cristã. Recebeu o batismo por volta de 366, orientou-se para a vida ascética e, recolhido em Aquileia, juntou-se a um grupo de cristãos fervorosos por ele definido quase como "um coro de bem-aventurados" (*Crônica do ano 374*), reunido em torno do bispo Valeriano.

Partiu depois para o Oriente e viveu como eremita no deserto de Cálcide, ao sul de Alepo (cf. *Ep*. 14,10), dedicando-se seriamente aos estudos. Aperfeiçoou o seu conhecimento do grego, iniciou o estudo do hebraico (cf. *Ep*. 125,12), transcreveu códices e obras patrísticas (cf. *Ep*. 5,2). A meditação, a solidão, o contato com a Palavra de Deus fizeram amadurecer a sua sensibilidade cristã. Sentiu mais pungente o peso dos erros da juventude (cf. *Ep*. 22,7) e experimentou vivamente o contraste entre mentalidade pagã e vida cristã: um contraste que se tornou célebre pela "visão" profunda e intensa da qual nos deixou um relato. Nessa visão, ele teve a impressão de ser flagelado diante de Deus, por ser "ciceroniano e não cristão" (cf. *Ep.* 22,30).

Em 382, transferiu-se para Roma: aqui o papa Dâmaso, conhecendo sua fama de asceta e sua competência de estudioso, tomou-o como secretário e conselheiro; estimulou-o a empreender uma nova tradução latina dos textos bíblicos por motivos pastorais e culturais. Algumas pessoas da aristocracia romana, principalmente mulheres da nobreza como Paula, Marcela, Asela, Lea e outras, desejosas de dedicar-se ao caminho da perfeição cristã e de aprofundar o conhecimento da Palavra de Deus, escolheram-no como guia espiritual e mestre na abordagem metódica dos textos sagrados. Essas fidalgas aprenderam também grego e hebraico.

Depois da morte do papa Dâmaso, Jerônimo deixou Roma em 385, e iniciou uma peregrinação, primeiro à Terra Santa, testemunha silenciosa da vida terrena de Cristo, depois ao Egito, terra escolhida de muitos monges (Cf. *Contra Rufino* 3,22; *Ep.* 108,6-14).

Em 386, fixou-se em Belém, onde, pela generosidade da fidalga Paula, foram construídos um mosteiro masculino, um feminino e um albergue para os peregrinos que se dirigiam à Terra Santa, "pensando que Maria e José não haviam encontrado onde parar" (*Ep.* 108,14). Permaneceu em Belém até a morte, continuando a desenvolver uma atividade intensa: comentou a Palavra de Deus; defendeu a fé, opondo-se vigorosamente a várias heresias; exortou os monges à perfeição; ensinou a cultura clássica e cristã a jovens alunos; acolheu com ânimo pastoral os peregrinos que visitavam a Terra Santa. Faleceu na sua cela, perto da gruta da Natividade, no dia 30 de setembro de 419/420.

A preparação literária e a vasta erudição permitiram a Jerônimo revisar e traduzir muitos textos bíblicos: um precioso trabalho para a Igreja latina e para a cultura ocidental. Com base nos textos originais em hebraico e em grego, e graças ao cotejo com versões anteriores, fez a revisão dos quatro Evangelhos em língua latina, depois do Saltério e de grande parte do Antigo Testamento.

Levando em conta o original hebraico e grego dos Setenta, a versão grega clássica do Antigo Testamento realizada no período pré-cristão, e as anteriores versões latinas, Jerônimo, com a ajuda de outros colaboradores, pôde oferecer uma tradução melhor: ela constitui a chamada *Vulgata*, o texto "oficial" da Igreja latina, reconhecido como tal pelo Concílio de Trento e que, depois da recente revisão, continua o texto "oficial" da Igreja de língua latina.

É interessante ressaltar os critérios a que o grande biblista se ateve na sua obra de tradutor. Ele mesmo os revela, quando afirma respeitar até a ordem das palavras das Sagradas Escrituras, porque nelas, diz, "até a ordem das palavras é um mistério" (*Ep.* 57,5), isto é, uma revelação. Além disso, reforça a necessidade de recorrer aos textos originais: "Caso surja um debate entre os latinos sobre o Novo Testamento, em consequência de aspectos discordantes do manuscrito, recorramos ao original, isto é, ao texto grego em que foi escrito o Novo Pacto. Do mesmo modo para o Antigo Testamento, se houver divergências entre os textos gregos e latinos, apelemos ao texto original, o hebraico; assim tudo o que brota da vertente, podemos encontrar nos regatos" (*Ep.* 106,2).

Jerônimo também comentou muitos textos bíblicos. Para ele os comentários devem oferecer opiniões diversas, "para que o leitor cauteloso, depois de ler as diferentes explicações e de conhecer os vários pareceres – para aceitar ou rejeitar –, julgue qual seja a mais fidedigna e, como cambista experiente, rejeite a moeda falsa" (*Contra Rufino* 1,16).

Jerônimo refutou com energia e veemência os hereges que contestavam a tradição e a fé da Igreja. Demonstrou também a importância e a validade da literatura cristã, que se tornou uma verdadeira cultura, já digna de ser comparada com a clássica: fez isso compondo o *De viris il-*

*lustribus* (*Homens ilustres*), uma obra em que Jerônimo apresenta as biografias de mais de uma centena de autores cristãos. Escreveu também biografias de monges, ilustrando ao lado de outros itinerários espirituais também o ideal monástico; além disso, traduziu várias obras de autores gregos. Enfim, no importante *Epistolário*, uma obra-prima da literatura latina, Jerônimo manifesta-se com as suas características de homem culto, de asceta e de guia das almas.

O que podemos aprender de São Jerônimo? Principalmente isto, acredito: amar a Palavra de Deus na Sagrada Escritura. Diz São Jerônimo: "Ignorar as Escrituras é ignorar Cristo" (*Comentário a Isaías*, prólogo). Por isso, é importante que todo cristão viva em contato e em diálogo pessoal com a Palavra de Deus, que nos é dada na Sagrada Escritura. Esse nosso diálogo com ela deve ter sempre duas dimensões: por um lado, deve ser um diálogo realmente pessoal, porque Deus fala com cada um de nós através da Sagrada Escritura e tem uma mensagem para cada um.

Devemos ler a Sagrada Escritura não como palavra do passado, mas como Palavra de Deus, que se dirige também a nós, e procurar compreender o que o Senhor nos quer dizer. Mas para não cair no individualismo, devemos ter presente que a Palavra de Deus nos é dada precisamente para construir comunhão, para unir-nos na verdade no nosso caminho para Deus. Portanto, mesmo sendo sempre uma Palavra pessoal, ela é também uma Palavra que constrói comunidade, que constrói a Igreja. Por isso, devemos lê-la em comunhão com a Igreja viva.

O lugar privilegiado da leitura e da escuta da Palavra de Deus é a liturgia, na qual, celebrando a Palavra e tornando presente no Sacramento o Corpo de Cristo, atualizamos a Palavra na nossa vida e a tornamos presente entre nós. Nunca devemos esquecer que a Palavra de Deus transcende os tempos. As opiniões humanas vêm e vão. Tudo o que hoje é última moda, amanhã será muito velho. A Palavra de Deus, ao contrário, é Palavra de vida eterna, tem em si a eternidade, ou seja, é válida para sempre. Portanto, levando em nós a Palavra de Deus, levamos também o eterno, a vida eterna.

Assim, concluo com uma palavra de São Jerônimo a São Paulino de Nola. Com ela o grande exegeta expressa exatamente esta realidade, isto é, que na Palavra de Deus recebemos a eternidade, a vida eterna. Diz São Jerônimo: "Procuremos aprender sobre a terra aquelas verdades cuja consistência persistirá também no céu" (*Ep.* 53,10).

*(Audiência geral, 7 de novembro de 2007, Praça São Pedro)*

# SÃO JERÔNIMO

## *II: A DOUTRINA*

*Queridos irmãos e irmãs,*

continuamos hoje a apresentação da figura de São Jerônimo. Como dissemos quarta-feira passada, ele dedicou a sua vida ao estudo da Bíblia, tanto que foi reconhecido por um meu predecessor, o papa Bento XV, como "doutor eminente na interpretação das Sagradas Escrituras". Jerônimo destacava a alegria e a importância de familiarizar-se com os textos bíblicos: "Não te parece que habitamos – já aqui, na terra – no reino dos céus, quando vivemos entre estes textos, quando meditamos sobre eles, quando não conhecemos e não procuramos mais nada?" (*Ep.* 53,10).

Na realidade, dialogar com Deus, com a sua Palavra, é em certo sentido presença do céu, isto é, presença de Deus. Aproximar-se dos textos bíblicos, principalmente do Novo Testamento, é essencial para o crente, porque "ignorar a Escritura é ignorar Cristo" (*Comentário a Isaías*, prólogo.). É dele esta célebre frase, citada também pelo Concílio Vaticano II na Constituição *Dei Verbum* (n. 25).

Verdadeiramente "apaixonado" pela Palavra de Deus, ele se perguntava: "Como se poderia viver sem a ciência das Escrituras, por meio das quais aprende-se a conhecer o próprio Cristo, que é a vida dos que creem?" (*Ep.* 30,7). A Bíblia, instrumento "com o qual todos os dias Deus fala aos fiéis" (*Ep.* 133,13), torna-se assim estímulo e fonte da vida cristã para todas as situações e para cada pessoa.

Ler a Escritura é conversar com Deus: "Se rezas – escreve ele a uma jovem nobre de Roma –, falas com o Esposo; se lês, é Ele que te fala" (*Ep*. 22,25). O estudo e a meditação da Escritura tornam o homem sábio e sereno (cf. *Comentário à Carta aos Efésios*, prólogo).

Sem dúvida, para compreender cada vez mais profundamente a Palavra de Deus, é necessária uma dedicação constante e progressiva. Assim, ao sacerdote Nepociano, Jerônimo recomendava: "Lê com muita frequência as divinas Escrituras; aliás, que o Livro Santo nunca abandone as tuas mãos. Aprende aqui o que deves ensinar" (*Ep*. 52,7).

À matrona romana Leta, dava estes conselhos para a educação cristã da filha: "Certifica-te de que ela estude todos os dias alguma passagem da Escritura (...). Que depois da oração se dedique à leitura, e depois da leitura à oração (...). Que em vez das joias e dos vestidos de seda, ela aprecie os Livros divinos" (*Ep*. 107,9.12). Com a meditação e a ciência das Escrituras "mantém-se o equilíbrio da alma" (*Comentário à Carta aos Efésios*, prólogo). Só um profundo espírito de oração e a ajuda do Espírito Santo podem introduzir-nos na compreensão da Bíblia: "Na interpretação da Sagrada Escritura, temos sempre necessidade do socorro do Espírito Santo" (*Comentário a Miqueias* 1,1,10,15).

Um apaixonado amor pelas Escrituras permeia, portanto, toda a vida de Jerônimo, um amor que ele sempre procurou despertar também nos fiéis. Recomendava a uma sua filha espiritual: "Ama a Sagrada Escritura, e a sabedoria te amará; ama-a ternamente, e ela te guardará; honra-a, e receberás as suas carícias. Que ela seja para ti como os teus colares e os teus brincos" (*Ep*. 130,20). E ainda: "Ama a ciência da Escritura, e não amarás os vícios da carne" (*Ep*. 125,11).

Para Jerônimo, um critério fundamental de método na interpretação das Escrituras era a sintonia com o Magistério da Igreja. Nunca podemos ler a Escritura sozinhos. Encontramos muitas portas fechadas e resvalamos facilmente no erro. A Bíblia foi escrita pelo Povo de Deus e para o Povo de Deus, sob a inspiração do Espírito Santo. Só nesta comunhão com o Povo de Deus podemos realmente entrar com o "nós" no núcleo da verdade que o próprio Deus nos quer dizer.

Para o grande exegeta, uma autêntica interpretação da Bíblia devia estar sempre em harmoniosa concordância com a fé da Igreja católica. Não se trata de uma exigência imposta a este Livro de fora; o Livro é precisamente a voz do Povo de Deus em peregrinação, e só na fé desse Povo estamos, por assim dizer, na tonalidade correta para compreender a Sagrada Escritura. Por isso, Jerônimo admoestava um sacerdote: "Permanece firmemente apegado à doutrina tradicional que te foi ensinada, para que possas exortar segundo a sã doutrina e refutar os que a contradizem" (*Ep*. 52,7). Em especial, dado que Jesus Cristo fundou a sua Igreja sobre Pedro, todo cristão – concluía ele – deve estar em comunhão "com a Cátedra de São Pedro. Eu sei que sobre essa pedra está edificada a Igreja" (*Ep*. 15,2). Consequentemente, sem meios-termos, declarava: "Eu estou com todo aquele que esteja unido à Cátedra de São Pedro" (*Ep*. 16).

Evidentemente, Jerônimo não descuida o aspecto ético. Ele lembra frequentemente o dever de conciliar a vida com a Palavra divina: só vivendo-a encontramos também a capacidade de compreendê-la. Essa coerência é indispensável para todo cristão, e especialmente para o pregador, para que suas ações, quando discordantes dos discursos, não lhe criem dificuldades. Assim exorta o sacerdote Nepociano: "As tuas ações não desmintam as tuas palavras, para que não aconteça que, quando pregas na igreja, alguém no seu íntimo comente: 'Por que, então, tu mesmo não ages assim?' Muito bonito, realmente, aquele mestre que, de barriga cheia, disserta sobre o jejum; também um ladrão pode condenar a avareza; mas no sacerdote de Cristo, a mente e a palavra devem estar em sintonia" (*Ep*. 52,7).

Em outra carta, Jerônimo reforça: "Mesmo se possui uma doutrina maravilhosa, não tem vergonha a pessoa que se sente condenada pela própria consciência" (*Ep.* 127,4). Sempre no tema da coerência, ele observa: o Evangelho deve traduzir-se em atitudes de verdadeira caridade, porque em cada ser humano está presente a própria Pessoa de Cristo.

Dirigindo-se, por exemplo, ao presbítero Paulino (que se tornou depois bispo de Nola e Santo), Jerônimo assim o aconselha: "O verdadeiro templo de Cristo é a alma do fiel: ornamenta esse santuário, embeleza-o, deposita nele as tuas oferendas e recebe Cristo. Para que revestir as paredes de pedras preciosas, se Cristo morre de fome na pessoa de um pobre?" (*Ep.* 58,7).

Jerônimo concretiza: É preciso "vestir Cristo nos pobres, visitá-lo em quem sofre, alimentá-lo nos famintos, abrigá-lo nos desalojados" (*Ep.* 130,14). O amor a Cristo, alimentado com o estudo e a meditação, faz-nos superar qualquer dificuldade: "Amemos também nós a Jesus Cristo, procuremos sempre a união com Ele: então nos parecerá fácil também o que é difícil" (*Ep.* 22,40).

Jerônimo, definido por Próspero da Aquitânia "modelo de conduta e mestre do gênero humano" (*Poesia sobre os ingratos*, 57), deixou-nos também um ensinamento rico e variado sobre o ascetismo cristão. Ele lembra que um compromisso corajoso com a perfeição exige uma vigilância constante, mortificações frequentes, embora com moderação e prudência, um trabalho intelectual ou manual assíduo para evitar o ócio (cf. *Epp.* 125,11 e 130,15), e principalmente obediência a Deus: "Nada... apraz tanto a Deus quanto a obediência..., que é a virtude mais excelsa e única" (*Homilia sobre a obediência*). Do caminho ascético pode fazer parte também a prática da peregrinação. Em especial, Jerônimo estimulou as peregrinações à Terra Santa, onde os peregrinos eram acolhidos e hospedados nos edifícios ao lado do mosteiro de Belém, graças à generosidade da fidalga Paula, filha espiritual de Jerônimo (cf. *Ep.* 108,14).

Não se pode deixar de mencionar, por fim, a contribuição dada por Jerônimo em matéria de pedagogia cristã (cf. *Epp.* 107 e 128). Ele se propõe a formar "uma alma que deve tornar-se o templo do Senhor" (*Ep.* 107,4), uma "gema preciosíssima" aos olhos de Deus (*Ep.* 107,13). Com profunda intuição, ele aconselha preservá-la do mal e das ocasiões pecaminosas, excluir amizades equívocas ou desregradas (cf. *Ep.* 107,4 e 8-9; cf. também *Ep.* 128, 3-4). Principalmente, exorta os pais a criarem um ambiente de serenidade e de alegria em volta dos filhos, a estimulá-los ao estudo e ao trabalho, também com o elogio e a competição (cf. *Epp.* 107,4 e 128,1), a encorajá-los a superar as dificuldades, a favorecer neles os bons hábitos e a preservá-los dos maus costumes porque – e aqui cita uma frase de Publílio Siro que ouviu na escola – "dificilmente conseguirás corrigir-te daquelas coisas a que te vais habituando tranquilamente" (*Ep.* 107,8).

Os pais são os principais educadores dos filhos, os primeiros mestres de vida. Com muita clareza Jerônimo, dirigindo-se à mãe de uma jovem e mencionando depois o pai, admoesta, quase expressando uma exigência fundamental de toda criatura humana que se apresenta à existência: "Que ela encontre em ti a sua mestra, e olhe para ti com admiração na sua inexperiente juventude. Nunca veja em ti nem em seu pai atitudes que a levem a pecar, se forem imitadas. Lembra-te de que... podeis educá-la mais com o exemplo do que com a palavra" (*Ep.* 107,9).

Entre as principais intuições de Jerônimo como pedagogo devem ser destacadas a importância atribuída a uma educação sadia e integral desde a primeira infância, a responsabilidade peculiar reconhecida aos pais, a urgência de uma séria formação moral e religiosa, a exigência do estudo para uma formação humana mais completa. Além disso, um aspecto bastante negligenciado nos tempos antigos, mas considerado vital pelo nosso autor, é a promoção da mulher, a quem reconhece o direito a uma formação completa: humana, escolar, religiosa, profissional.

E vemos precisamente hoje como a educação da personalidade na sua totalidade, a educação para a responsabilidade diante de Deus e diante do homem, é a verdadeira condição de todo progresso, de toda paz, de toda reconciliação e de toda exclusão da violência. Educação diante de Deus e do homem: é a Sagrada Escritura que nos oferece a orientação para a educação, e assim para o verdadeiro humanismo.

Não podemos concluir estas rápidas anotações sobre o grande Padre da Igreja sem mencionar a eficaz contribuição por ele dada à salvaguarda dos elementos positivos e válidos das antigas culturas judaica, grega e romana na nascente civilização cristã. Jerônimo reconheceu e assimilou os valores artísticos, a riqueza de pensamento e a harmonia das imagens presentes nos clássicos, que educam o coração e a imaginação para sentimentos nobres. Acima de tudo, ele pôs no centro da sua vida e da sua atividade a Palavra de Deus, que indica ao homem os caminhos da vida e revela-lhe os segredos da santidade. Por tudo isso devemos ser-lhe profundamente agradecidos, precisamente no nosso hoje.

*(Audiência geral, 14 de novembro de 2007, Praça São Pedro)*

# SANTO AFRATES, O "SÁBIO"

*Queridos irmãos e irmãs,*

na nossa excursão pelo mundo dos Padres da Igreja, eu gostaria hoje de vos levar a uma parte pouco conhecida desse universo da fé, isto é, aos territórios onde floresceram as Igrejas de língua semítica, ainda não influenciadas pelo pensamento grego. Essas Igrejas, ao longo do século IV, desenvolvem-se no Oriente Próximo, da Terra Santa ao Líbano e à Mesopotâmia. Naquele século, que é um período de formação em nível eclesial e literário, essas comunidades conhecem a consolidação do fenômeno ascético-monástico com características autóctones que não sofrem a influência do monasticismo egípcio.

As comunidades sírias do século IV representam, portanto, o mundo semítico do qual saiu a própria Bíblia, e são expressão de um cristianismo cuja formulação teológica ainda não entrou em contato com correntes culturais diversas, mas vive em formas próprias de pensamento. São Igrejas em que o ascetismo sob várias formas eremíticas (eremitas no deserto, em cavernas, reclusos, estilitas) e o monasticismo sob formas de vida comunitária exercem um papel de fundamental importância no desenvolvimento do pensamento teológico e espiritual.

Eu gostaria de apresentar esse mundo através da grande figura de Afrates, conhecido também pelo apelido de "Sábio", um dos personagens mais importantes e ao mesmo tempo mais enigmáticos do cristianismo siríaco do século IV. Originário da região de Nínive-Mossul, hoje no Iraque, viveu na primeira metade do século IV. Temos poucas informações sobre sua vida; seja como for, manteve relações estreitas com os ambientes ascético-monásticos da Igreja síria, da qual nos conservou informações na sua obra e à qual dedica parte da sua reflexão. De acordo com algumas fontes, chefiou inicialmente um mosteiro, e mais tarde foi também consagrado bispo.

Escreveu 23 discursos, conhecidos como *Exposições* ou *Demonstrações*, em que aborda diversos temas da vida cristã, como a fé, o amor, o jejum, a humildade, a oração, a própria vida ascética e também a relação entre judaísmo e cristianismo, entre Antigo e Novo Testamento. Escreve num estilo simples, com frases curtas e com comparações por vezes contrastantes; consegue, contudo, tecer um discurso coerente com um desenvolvimento bem articulado dos vários temas que apresenta.

Afrates era originário de uma comunidade eclesial que se encontrava na fronteira entre o judaísmo e o cristianismo. Era uma comunidade muito ligada à Igreja-mãe de Jerusalém, e os seus bispos eram tradicionalmente escolhidos entre os chamados "familiares" de Tiago, o "irmão do Senhor" (cf. *Mc* 6,3), isto é, eram pessoas ligadas por vínculos de sangue e pela fé à Igreja hierosolimitana. A língua de Afrates é o siríaco, portanto uma língua semítica como o hebraico do Antigo Testamento e como o aramaico falado pelo próprio Jesus.

A comunidade eclesial em que ele viveu procurava manter-se fiel à tradição judaico-cristã, da qual se sentia filha. Mantinha por isso uma relação estreita com o mundo hebraico e com os seus Livros sagrados. Significativamente, Afrates se define "discípulo da Sagrada Escritura", do Antigo e do Novo Testamento (*Exposição* 22,26), que considera sua única fonte de inspiração, a ela recorrendo de modo tão habitual a ponto de torná-la o centro da sua reflexão.

São diversos os temas que Afrates desenvolve nas suas *Exposições*. Fiel à tradição siríaca, frequentemente apresenta a salvação operada por Cristo como uma cura e, portanto, o próprio Cristo como médico. O pecado, ao contrário, é visto como uma ferida que só a penitência pode curar: "Um homem que foi ferido em batalha", diz Afrates, "não sente vergonha de entregar-se nas mãos de um sábio médico...; do mesmo modo, quem foi ferido por Satanás não deve envergonhar-se de reconhecer a sua culpa e de afastar-se dela, pedindo o remédio da penitência" (*Exposição* 7,3).

Outro aspecto importante na obra de Afrates é o seu ensinamento sobre a oração e, de modo especial, sobre Cristo como mestre de oração. O cristão reza seguindo o ensinamento de Jesus e o seu exemplo de homem de oração: "O nosso Salvador ensinou a rezar assim, dizendo: 'Reza em segredo Àquele que está escondido, mas que tudo vê'; e ainda: 'Entra no teu quarto e reza a teu Pai em segredo, e o Pai que vê em segredo te recompensará' (*Mt* 6,6)(...). O que o nosso Salvador quer mostrar é que Deus conhece os desejos e os pensamentos do coração" (*Exposição* 4,10).

Para Afrates, a vida cristã está centrada na imitação de Cristo, em tomar o seu jugo e segui-lo no caminho do Evangelho. Uma das virtudes que mais convém ao discípulo de Cristo é a humildade. Ela não é um aspecto secundário na vida espiritual do cristão: a natureza do homem é humilde, e é Deus que a exalta para a sua própria glória. A humildade, observa Afrates, não é um valor negativo: "Se a raiz do homem está plantada na terra, os seus frutos elevam-se diante do Senhor da grandeza" (*Exposição* 9,14). Permanecendo humilde, também na realidade terrena em que vive, o cristão pode entrar em estreita relação com o Senhor: "O humilde é humilde, mas o seu coração eleva-se a alturas excelsas. Os olhos do seu rosto observam a terra e os olhos da mente a altura excelsa" (*Exposição* 9,2).

A visão que Afrates tem do homem e da sua realidade corporal é muito positiva: o corpo humano, a exemplo do Cristo humilde, é chamado à beleza, à alegria, à luz. "Deus aproxima-se do homem que ama

– observa ele – e é justo amar a humildade e permanecer na condição de humildade. Os humildes são simples, pacientes, amados, íntegros, retos, experientes no bem, prudentes, serenos, sábios, mansos, pacíficos, misericordiosos, prontos a converter-se, benévolos, profundos, ponderados, belos e desejáveis (*Exposição* 9,14).

Em Afrates, com frequência a vida cristã é apresentada numa clara dimensão ascética e espiritual: a fé é a base, o fundamento; ela faz do homem um templo onde o próprio Cristo habita. A fé, portanto, torna possível uma caridade sincera, que se expressa no amor a Deus e ao próximo. Outro aspecto importante em Afrates é o jejum, que ele entende em sentido amplo. Ele fala do jejum do alimento como de uma prática necessária para o exercício da caridade e da virgindade, do jejum constituído pela continência em vista da santidade, do jejum das palavras vãs ou detestáveis, do jejum da cólera, do jejum da propriedade de bens em vista do ministério, do jejum do sono para se dedicar à oração.

Queridos irmãos e irmãs, voltemos ainda – para concluir – ao ensinamento de Afrates sobre a oração. Segundo este antigo "Sábio", a oração se realiza quando Cristo habita no coração do cristão e o convida a um compromisso coerente de caridade para com o próximo. Com efeito, escreve:

> "Dá alívio aos oprimidos, visita os doentes,
> sê solícito com os pobres: esta é a oração.
> A oração é boa, e as suas obras são belas.
> A oração é aceita quando dá alívio ao próximo.
> A oração é ouvida
> quando nela se encontra também
> o perdão das ofensas.
> A oração é forte
> quando é plena da força de Deus"
>
> (*Exposição* 4,14-16).

Com essas palavras Afrates nos convida a uma oração que se torna vida cristã, vida realizada, vida imbuída de fé, de abertura a Deus e, assim, de amor ao próximo.

*(Audiência geral, 21 de novembro de 2007, Praça São Pedro)*

# SANTO EFRÉM, O SÍRIO

*Queridos irmãos e irmãs,*

segundo a opinião comum de hoje, o cristianismo seria uma religião europeia que depois teria exportado a cultura deste continente para outros países. A realidade, porém, é muito mais complexa, pois a raiz da religião cristã encontra-se no Antigo Testamento e, portanto, em Jerusalém e no mundo semítico. O cristianismo alimenta-se sempre dessa raiz do Antigo Testamento. Também a sua expansão nos primeiros séculos ocorreu seja em direção ao Ocidente – em direção ao mundo greco-latino, onde inspirou depois a cultura europeia – seja em direção ao Oriente, até a Pérsia e a Índia, contribuindo assim para dar origem a uma cultura específica, em línguas semíticas, com uma identidade própria.

Para mostrar esta pluriformidade cultural da única fé cristã dos inícios, na catequese de quarta-feira passada falei de um representante desse outro cristianismo, Afrates, o sábio persa, por nós quase desconhecido. Na mesma linha, eu gostaria de falar hoje de Santo Efrém, o Sírio, nascido em Nísibe por volta de 306 numa família cristã. Ele foi o representante mais insigne do cristianismo de língua siríaca e conseguiu conciliar de modo único a vocação do teólogo com a do poeta. Formou-se e cresceu ao lado de Tiago, bispo de Nísibe (303-338), e com ele fundou a escola teológica da sua cidade.

Ordenado diácono, viveu intensamente a vida da comunidade cristã local até 363, ano em que Nísibe caiu nas mãos dos persas. Efrém então emigrou para Edessa, onde deu continuidade à sua atividade de pregador. Faleceu nessa cidade em 373, vítima do contágio contraído no atendimento aos doentes de peste. Não sabemos ao certo se era monge, mas temos certeza de que permaneceu diácono durante toda a vida e que abraçou a virgindade e a pobreza. Assim aparece na especificidade da sua expressão cultural a comum e fundamental identidade cristã: a fé, a esperança – aquela esperança que permite viver pobre e casto no mundo, pondo toda expectativa no Senhor – e por fim a caridade, até o dom de si mesmo no cuidado dos doentes de peste.

Santo Efrém deixou-nos uma grande herança teológica. A sua considerável produção pode ser classificada em quatro categorias: obras escritas em prosa comum (as suas obras polêmicas, ou os comentários bíblicos); obras em prosa poética; homilias em versos; por fim, os hinos, certamente a obra mais ampla de Efrém. Ele é um autor rico e interessante sob muitos aspectos, mas especialmente sob o perfil teológico.

A especificidade do seu trabalho é que nele teologia e poesia se encontram. Querendo aproximar-nos da sua doutrina, devemos insistir desde o início sobre este ponto: ele faz teologia em forma poética. A poesia lhe permite aprofundar a reflexão teológica por meio de paradoxos e imagens. Ao mesmo tempo, a sua teologia torna-se liturgia e música: na verdade, ele era um grande compositor, um músico. Teologia, reflexão sobre a fé, poesia, canto e louvor a Deus andam juntos; e é precisamente nesse caráter litúrgico que na teologia de Efrém revela-se com transparência a verdade divina. Na sua busca de Deus, no seu fazer teologia, ele segue o caminho do paradoxo e do símbolo. As imagens contrapostas são por ele amplamente privilegiadas, porque lhe servem para ressaltar o mistério de Deus.

Não posso agora estender-me em demasia a respeito dele, mesmo porque é muito difícil traduzir poesia, mas para dar pelo menos uma ideia da sua teologia poética, eu gostaria de citar partes de dois hinos. Antes de tudo, também em vista do Advento próximo, proponho algumas imagens admiráveis extraídas dos *Hinos sobre a Natividade de Cristo.* Diante da Virgem, Efrém manifesta com tom inspirado o seu assombro:

"O Senhor veio nela
para fazer-se servo.
O Verbo veio nela
para silenciar no seu seio.
O raio veio nela
para não fazer ruído algum.
O Pastor veio nela
e eis o Cordeiro nascido,
que submisso chora.
Pois o seio de Maria
inverteu os papéis:
Aquele que criou todas as coisas
entrou na sua posse, mas pobre.
O Altíssimo veio nela (Maria),
mas entrou humilde.
O esplendor veio nela,
mas envolto em humildes panos.
Aquele que prodigaliza todas as coisas
conheceu a fome.
Aquele que sacia a todos
conheceu a sede.
Nu e despojado saiu dela,
Ele que reveste (de beleza) todas as coisas"

(*Hino sobre a Natividade* 11,6-8).

Para expressar o mistério de Cristo, Efrém usa uma grande variedade de temas, de expressões, de imagens. Em um dos seus hinos, ele relaciona de modo eficaz Adão (no paraíso) a Cristo (na Eucaristia):

> "Foi fechando
> com a espada do querubim,
> que foi fechado
> o caminho da árvore da vida.
> Mas para os povos,
> o Senhor dessa árvore
> deu-se como alimento
> ele mesmo na oblação (eucarística).
> As árvores do Éden
> foram dadas como alimento
> ao primeiro Adão.
> Para nós, o jardineiro
> do Jardim em pessoa
> fez-se alimento
> para as nossas almas.
> De fato, todos havíamos saído
> do Paraíso com Adão,
> que o deixou para trás.
> Agora que a espada foi tirada
> lá (sobre a cruz) pela lança
> nós podemos retornar" (*Hino* 49,9-11).

Para falar da Eucaristia, Efrém serve-se de duas imagens: a brasa ou o carvão ardente, e a pérola. O tema da brasa é tomado do profeta Isaías (cf. 6,6). É a imagem do serafim que pega a brasa com uma tenaz e a leva aos lábios do profeta para purificá-lo; o cristão, ao contrário, toca e consome a Brasa, que é o próprio Cristo:

"No teu pão esconde-se o Espírito,
que não pode ser consumado;
no teu vinho há o fogo, que não se pode beber.
O Espírito no teu pão, o fogo no teu vinho:
eis uma maravilha acolhida pelos nossos lábios.
O serafim não podia aproximar
os seus dedos da brasa,
que foi aproximada apenas da boca de Isaías;
nem os dedos a pegaram,
nem os lábios a engoliram;
mas o Senhor concedeu-nos
fazer as duas coisas.
O fogo desceu com ira para destruir os pecadores,
mas o fogo da graça desce
sobre o pão e nele permanece.
Em vez do fogo que destruiu o homem,
comemos o fogo no pão
e somos vivificados" (*Hino sobre a fé* 10,8-10).

E um último exemplo dos hinos de Santo Efrém, onde ele fala da pérola como símbolo da riqueza e da beleza da fé:

"Pus (a pérola), irmãos meus,
na palma da minha mão,
para poder examiná-la.
Pus-me a observá-la de um lado e de outro:
ela tinha um só aspecto em todos os lados.
(Assim) é a busca do Filho, imperscrutável,
porque ela é toda luz.
Na sua limpidez, eu vi o Límpido,

que não se torna opaco;
e na sua pureza,
o símbolo grande do corpo do nosso Senhor,
que é puro.
Na sua indivisibilidade, vi a verdade,
que é indivisível" (*Hino sobre a pérola* 1,2-3).

A figura de Efrém ainda é plenamente atual para a vida das várias Igrejas cristãs. Nós o descobrimos em primeiro lugar como teólogo, que a partir da Sagrada Escritura reflete poeticamente sobre o mistério da redenção do homem realizada por Cristo, Verbo de Deus encarnado. A sua reflexão é uma reflexão teológica expressa com imagens e símbolos tomados da natureza, da vida cotidiana e da Bíblia. À poesia e aos hinos para a liturgia, Efrém confere um caráter didático e catequético; são hinos teológicos e ao mesmo tempo adequados para a récita ou o canto litúrgico. Efrém serve-se desses hinos para difundir, por ocasião das festas litúrgicas, a doutrina da Igreja. Com o tempo, eles se revelaram um meio catequético extremamente eficaz para a comunidade cristã.

É importante a reflexão de Efrém sobre o tema de Deus criador: nada na criação está isolado, e o mundo, ao lado da Sagrada Escritura, é uma Bíblia de Deus. Usando de modo errado a sua liberdade, o homem transtornou a ordem do cosmos. Para Efrém, o papel da mulher é relevante. O modo como ele fala dela é sempre inspirado pela sensibilidade e pelo respeito: a habitação de Jesus no seio de Maria elevou em grande medida a dignidade da mulher. Para Efrém, assim como não há redenção sem Jesus, também não há encarnação sem Maria. As dimensões divinas e humanas do mistério da nossa redenção encontram-se já nos textos de Efrém; de modo poético e com imagens fundamentalmente escriturísticas, ele antecipa o quadro teológico e de certo modo a própria linguagem das grandes definições cristológicas dos Concílios do século V.

Efrém, venerado pela tradição cristã com o título de "cítara do Espírito Santo", permaneceu diácono da sua Igreja durante toda a vida. Foi uma escolha decisiva e emblemática: ele foi diácono, isto é, servidor, quer no mistério litúrgico, quer, mais radicalmente, no amor a Cristo, que ele cantou de modo inigualável, quer por fim na caridade para com os irmãos, que introduziu com rara maestria no conhecimento da divina Revelação.

*(Audiência geral, 28 de novembro de 2007, Sala Paulo VI)*

# SÃO CROMÁCIO DE AQUILEIA

*Queridos irmãos e irmãs,*

nas últimas duas catequeses, fizemos uma excursão pelas Igrejas do Oriente de língua semítica, meditando sobre Afrates, persa, e sobre Efrém, sírio; hoje voltamos ao mundo latino, ao norte do império romano, com São Cromácio de Aquileia. Este bispo desenvolveu o seu ministério na antiga Igreja de Aquileia, fervoroso centro de vida cristã situado na *Décima região* do império romano, *Venetia et Histria.*

Em 388, quando Cromácio assumiu a cátedra episcopal da cidade, a comunidade cristã local já havia amadurecido uma história gloriosa de fidelidade ao Evangelho. Entre a metade do século III e os primeiros anos do IV, as perseguições de Décio, de Valeriano e de Diocleciano haviam causado um grande número de mártires. Além disso, a Igreja de Aquileia, como muitas outras da época, havia enfrentado a ameaça da heresia ariana. O próprio Atanásio – representante da ortodoxia nicena, que os arianos haviam condenado ao exílio –, encontrou refúgio por algum tempo em Aquileia. Sob a orientação dos seus bispos, a comunidade cristã resistiu às insídias da heresia e consolidou a própria adesão à fé católica.

Em setembro de 381, Aquileia foi sede de um Sínodo que reuniu cerca de 35 bispos das costas da África, do vale do Ródano e de toda a *Décima região.* O Sínodo propunha-se debelar os últimos resíduos do arianismo no Ocidente. Dele participou também o presbítero Cromácio, na qualidade de perito do bispo de Aquileia, Valeriano (c. 370-388).

Os anos próximos ao Sínodo de 381 representam "a idade de ouro" da comunidade aquilense. São Jerônimo, nativo da Dalmácia, e Rufino, de Concórdia, falam com nostalgia da sua estada em Aquileia (370-373), naquela espécie de cenáculo teológico que Jerônimo não hesita em definir *quasi chorus beatorum*, "como um coro de bem-aventurados" (*Crônicas* 11). Nesse cenáculo – que sob certos aspectos lembra as experiências comunitárias realizadas por Eusébio de Vercelli e por Agostinho – formaram-se as personalidades mais notáveis das Igrejas do Alto Adriático.

Mas já na sua família, Cromácio havia aprendido a conhecer e a amar a Cristo. Disso nos fala, com palavras cheias de admiração, o próprio Jerônimo, que compara a mãe de Cromácio à profetiza Ana, as suas duas irmãs às virgens prudentes da parábola evangélica, e o próprio Cromácio e o seu irmão Eusébio ao jovem Samuel (cf. *Ep*. VII, p. 4). De Cromácio e de Eusébio, Jerônimo escreve ainda: "O beato Cromácio e o santo Eusébio eram irmãos pelo vínculo do sangue, tanto quanto pela identidade dos ideais" (*Ep*. VIII).

Cromácio havia nascido em Aquileia por volta de 345. Foi ordenado diácono e depois presbítero; por fim, foi eleito Pastor daquela Igreja (388). Recebida a consagração episcopal do bispo Ambrósio, dedicou-se com coragem e energia a uma tarefa imensa pela vastidão do território confiado aos seus cuidados pastorais: de fato, a jurisdição eclesiástica de Aquileia, estendia-se dos territórios atuais da Suíça, Baviera, Áustria e Eslovênia até a Hungria.

Podemos deduzir o quanto Cromácio era conhecido e estimado na Igreja do seu tempo por um episódio da vida de São João Crisóstomo. Quando o bispo de Constantinopla foi exilado da sua sede, escreveu três cartas a quem ele considerava os bispos mais importantes do Ocidente, para obter o apoio dos imperadores: escreveu uma carta ao bispo de Roma, a segunda ao bispo de Milão e a terceira ao bispo de Aquileia, precisamente Cromácio (*Ep*. CLV). Mas também Cromácio enfrentava grandes dificuldades devido à precária situação política: muito provavelmente, no mesmo ano em que Crisóstomo sucumbiu aos sofrimentos da sua deportação, 407, também Cromácio faleceu no exílio, em Grado, enquanto procurava sobreviver às incursões dos bárbaros.

No que se refere a prestígio e importância, Aquileia era a quarta cidade da península italiana, e a nona do império romano: também por esse motivo atraía a atenção dos godos e dos hunos. Além de causar muitas mortes e destruição, as invasões desses povos comprometeram seriamente a transmissão das obras dos Padres conservadas na biblioteca episcopal, rica em códices.

Dispersaram-se também os escritos de São Cromácio, que acabaram para cá e para lá, e foram muitas vezes atribuídos a outros autores: a João Crisóstomo (também pelas iniciais equivalentes dos dois nomes, *Chr*omatius – *Chr*ysostomus); ou a Ambrósio e a Agostinho; e ainda a Jerônimo, que Cromácio muito havia ajudado na revisão do texto e na tradução latina da Bíblia.

A redescoberta de grande parte da obra de Cromácio é devida a circunstâncias felizes e fortuitas que só em anos recentes possibilitaram reconstruir um *corpus* de escritos bastante consistente: mais de quarenta sermões, dos quais uma dezena fragmentários, e mais de sessenta tratados de comentário ao Evangelho de Mateus.

Cromácio foi um mestre sábio e um Pastor zeloso. O seu primeiro e principal compromisso foi o de pôr-se à escuta da Palavra, para ser capaz de se tornar depois anunciador: no seu ensinamento, ele parte sempre da Palavra de Deus e a ela sempre retorna. Alguns temas lhe são especialmente queridos: em primeiro lugar, o mistério trinitário, que ele contempla na sua revelação ao longo de toda a história da salvação. Depois o tema do Espírito Santo: Cromácio lembra constantemente aos fiéis a presença e a ação da terceira Pessoa da Santíssima Trindade na vida da Igreja. Mas, com particular insistência, o santo bispo retoma o mistério de Cristo.

O Verbo encarnado é verdadeiro Deus e verdadeiro homem: assumiu integralmente a humanidade para fazer-lhe dom da própria divindade. Essas verdades, reafirmadas com insistência também para combater o arianismo, chegarão cinquenta anos mais tarde à definição do Concílio da Calcedônia. O forte destaque à natureza humana de Cristo leva Cromácio a falar da Virgem Maria. A sua doutrina mariológica é límpida e precisa. A ele devemos algumas sugestivas descrições da Virgem Santíssima: Maria é a "virgem evangélica capaz de acolher Deus"; é a "ovelhinha imaculada e inviolada" que gerou o "cordeiro revestido de púrpura" (cf. *Sermão* XXIII,3).

O bispo de Aquileia relaciona com frequência a Virgem com a Igreja: com efeito, ambas são "virgens" e "mães". A eclesiologia de Cromácio é desenvolvida principalmente no comentário a Mateus. Eis alguns conceitos recorrentes: a Igreja é única, nasceu do sangue de Cristo; é veste preciosa tecida pelo Espírito Santo; a Igreja está onde se anuncia que Cristo nasceu da Virgem, onde florescem a fraternidade e a concórdia. Uma imagem a que Cromácio está especialmente afeiçoado é a da barca no mar tempestuoso – e a sua época era tempestuosa, como vimos –: "Não há dúvida", afirma o santo bispo, "de que essa barca representa a Igreja" (cf. *Tratado* XLII,5).

Como Pastor zeloso, Cromácio sabe falar ao seu povo com uma linguagem nova, colorida e incisiva. Mesmo sem ignorar o perfeito *cursus* latino, prefere recorrer à linguagem popular, rica em imagens facilmente compreensíveis.

Assim, por exemplo, inspirando-se no mar, ele confronta, de um lado, a pesca natural de peixes que, lançados para a margem, morrem; e, de outro, a pregação evangélica, graças à qual os homens são salvos das águas lamacentas da morte e introduzidos na vida verdadeira (cf. *Trata-*

*do* XVI,3). Sempre na ótica do bom Pastor, num tempo turbulento como o seu, atormentado pelas incursões dos bárbaros, ele sabe colocar-se ao lado dos fiéis para confortá-los e para abrir-lhes o espírito à confiança em Deus, que jamais abandona os seus filhos.

Acolhamos, por fim, como conclusão dessas reflexões, uma exortação de Cromácio, ainda hoje perfeitamente válida: "Rezemos ao Senhor com todo o coração e com toda a fé – recomenda o bispo de Aquileia em um dos seus sermões –, peçamos que nos liberte de toda incursão dos inimigos, de todo temor dos adversários. Não olhe para os nossos méritos, mas para a sua misericórdia, Ele que também no passado se dignou libertar os filhos de Israel não pelos merecimentos deles, mas por sua misericórdia. Proteja-nos com o seu habitual amor misericordioso e realize por nós o que o santo Moisés disse aos filhos de Israel: 'O Senhor combaterá em vossa defesa, e vós ficareis tranquilos' (cf. *Ex* 14,14). É Ele que combate, é Ele que alcança a vitória (...). E para que se digne fazê-lo, devemos rezar o mais possível. Ele mesmo, de fato, diz pela boca do profeta: 'Invoca-me no dia da tribulação; eu te livrarei, e tu me glorificarás' (cf. *Sl* 50,15)" (*Sermão* XVI,4).

Assim, justamente no início do tempo do Advento, São Cromácio nos lembra que este é um tempo de oração, em que é preciso entrar em contato com Deus. Deus nos conhece, conhece a mim, conhece a cada um de nós, me ama, não me abandona. Prossigamos com esta confiança no tempo litúrgico que acaba de começar.

*(Audiência geral, 5 de dezembro de 2007, Sala Paulo VI)*

# SÃO PAULINO DE NOLA

*Queridos irmãos e irmãs,*

o Padre da Igreja a quem hoje dirigimos a nossa atenção é São Paulino de Nola. Contemporâneo de Santo Agostinho, a quem esteve ligado por profunda amizade, Paulino exerceu o seu ministério na Campânia, em Nola, onde foi monge, depois presbítero e bispo. Ele era, porém, originário da Aquitânia, no sul da França, mais precisamente de Bordéus, onde nascera de família influente.

Recebeu uma requintada educação literária, tendo como mestre o poeta Ausônio. Afastou-se da sua terra pela primeira vez para seguir a sua precoce carreira política, assumindo, ainda em tenra idade, a função de governador da Campânia. Nesse cargo público, foram admiráveis a sua sabedoria e brandura. Foi nesse período que a graça fez germinar no seu coração a semente da conversão. O estímulo veio da fé simples e intensa com que o povo honrava o túmulo de um santo, o mártir Félix, no santuário do atual Cimitile. Como responsável pela coisa pública, Paulino se interessou por esse santuário e mandou construir um albergue para os pobres e uma estrada para facilitar o acesso aos muitos peregrinos.

Enquanto se dedicava a edificar a cidade terrena, ele ia descobrindo o caminho para a cidade celeste. O encontro com Cristo foi o ponto de chegada de um caminho trabalhoso, semeado de provações. Circunstâncias dolorosas, começando pela falta de favor da autoridade política, fizeram-no sentir palpavelmente a caducidade das coisas. Depois de chegar à fé, escrevera: "O homem sem Cristo é pó e sombra" (*Poema* X,289).

Desejoso de elucidar o sentido da existência, foi a Milão para frequentar a escola de Ambrósio. Completou depois a formação cristã na sua terra natal, onde recebeu o batismo das mãos do bispo Delfino, de Bordéus. No seu percurso de fé, está também o matrimônio. De fato, casou-se com Terásia, uma fidalga piedosa de Barcelona, com quem teve um filho. Ele teria continuado a viver como bom leigo cristão se a morte do filho, com poucos dias de vida, não o tivesse abalado, mostrando-lhe que era outro o desígnio de Deus para a sua vida. Com efeito, sentiu-se chamado a dedicar-se a Cristo numa vida ascética rigorosa.

De pleno acordo com a esposa Terásia, vendeu os seus bens em benefício dos pobres e, com ela, deixou a Aquitânia e foi para Nola, onde os dois se fixaram ao lado da basílica do protetor São Félix, vivendo em casta fraternidade, segundo uma forma de vida à qual também outros se juntaram.

O ritmo comunitário era tipicamente monástico, mas Paulino, que em Barcelona fora ordenado presbítero, começou a dedicar-se também ao ministério sacerdotal em favor dos peregrinos. Isso lhe atraiu a simpatia e a confiança da comunidade cristã que, com a morte do bispo, por volta de 409, quis escolhê-lo como sucessor na cátedra de Nola. A sua ação pastoral intensificou-se, caracterizando-se por uma atenção particular aos pobres. Deixou a imagem de um autêntico Pastor da caridade, como o descreveu São Gregório Magno no capítulo III dos seus *Diálogos*, onde Paulino é representado no gesto heroico de oferecer-se como prisioneiro no lugar do filho de uma viúva. O episódio é historicamente discutível, mas permanece a figura de um bispo com grande coração, que soube estar próximo do seu povo nas tristes contingências das invasões bárbaras.

A conversão de Paulino impressionou os contemporâneos. O seu mestre Ausônio, um poeta pagão, sentiu-se "traído", e dirigiu-lhe palavras ásperas, reprovando-lhe, por um lado, o "desprezo", considerado desatinado, dos bens materiais, e por outro, o abandono da vocação de literato. Paulino respondeu que o seu ato de dar aos pobres não significava desprezo pelos bens terrenos, mas ao contrário, sua valorização para o fim mais nobre da caridade.

Quanto aos compromissos literários, o que Paulino havia abandonado não era o talento poético, que teria continuado a cultivar, mas os modelos poéticos inspirados pela mitologia e pelos ideais pagãos. Uma nova estética governava agora a sua sensibilidade: era a beleza do Deus encarnado, crucificado e ressuscitado, de quem ele se fazia agora cantor. Na realidade, não havia deixado a poesia, mas extraía do Evangelho a sua inspiração, como diz neste verso: "Para mim, a única arte é a fé, e Cristo a minha poesia" (*"At nobis ars una fides, et musica Christus"*: *Poema* XX,32).

Os seus poemas são cânticos de fé e de amor em que a história cotidiana dos pequenos e grandes acontecimentos é vista como história da salvação, como história de Deus conosco. Muitas dessas composições, os chamados *Poemas natalícios*, estão ligadas à festa anual do mártir Félix, que ele havia escolhido como padroeiro celeste. Lembrando São Félix, ele pretendia glorificar o próprio Cristo, convencido de que a intercessão do Santo lhe havia obtido a graça da conversão: "Na tua luz, jubiloso, amei Cristo" (*Poema* XXI,373). Ele quis expressar esse mesmo conceito ao ampliar o espaço do santuário com uma nova basílica, que fez decorar de modo que as pinturas, ilustradas com as respectivas didascálias, constituíssem para os peregrinos uma catequese visível.

Assim ele explicava o seu projeto num *Poema* dedicado a outro grande catequista, São Nicetas de Remesiana, enquanto o acompanhava na visita às suas basílicas: "Agora desejo que contemples as pinturas que se desenrolam em longa série nas paredes dos pórticos pintados (...). Pareceu-nos ser uma ação útil representar com a pintura temas sagrados em toda a casa de Félix, na esperança de que, à vista dessas imagens, a figura pintada suscite o interesse das mentes atônitas dos camponeses" (*Poema* XXVII, vv. 511, 580-583). Ainda hoje podemos admirar os vestígios dessas realizações, que situam justamente o santo de Nola entre as figuras de referência da arqueologia cristã.

No ascetério de Cimitile a vida transcorria na pobreza, na oração e totalmente imersa na *lectio divina*. A Escritura lida, meditada, assimilada, era a luz sob cujo raio o Santo de Nola perscrutava a sua alma na tensão para a perfeição. A quem continuava admirado com a decisão por ele tomada de abandonar os bens materiais, lembrava que esse gesto estava bem distante de representar já a plena conversão: "O abandono ou a venda dos bens temporais possuídos neste mundo não constitui o cumprimento, mas apenas o início da corrida no estádio; não é, por assim dizer, a linha de chegada, mas só a partida. De fato, o atleta não vence no momento em que se despe, porque depõe suas vestes apenas para começar a lutar, mas só é digno de ser coroado vencedor depois de ter combatido devidamente" (cf. *Ep*. XXIV,7 a Sulpício Severo).

Ao lado da ascese e da Palavra de Deus, a caridade: na comunidade monástica, os pobres eram de casa. Para eles Paulino não se limitava a dar esmola, mas os acolhia como se fossem o próprio Cristo. Havia reservado para eles uma repartição do mosteiro e, assim fazendo, parecia-lhe não tanto dar, mas receber, na troca de dons entre a acolhida oferecida e a gratidão orante dos assistidos. Chamava os pobres de seus "padroeiros" (cf. *Ep*. XIII,11 a Pamáquio) e, observando que estavam alojados no andar inferior, gostava de dizer que a oração deles servia de fundamento para sua casa (cf. *Poema* XXI,393-394).

São Paulino não escreveu tratados de teologia, mas os seus poemas e o denso epistolário são ricos de uma teologia vivida, embebida da Palavra de Deus, constantemente perscrutada como luz para a vida. Em especial, destaca-se o sentido da Igreja como mistério de unidade. A comunhão era por ele vivida sobretudo por meio de uma intensa prática da amizade espiritual. Nesta Paulino foi um verdadeiro mestre, fazendo da sua vida um ponto de encontro de espíritos eleitos: de Martinho de Tours a Jerônimo, de Ambrósio a Agostinho, de Delfino de Bordéus a Nicetas de Remesiana, de Vitrício de Ruão a Rufino de Aquileia, de Pamáquio e Sulpício Severo, e a muitos outros, mais ou menos conhecidos.

Surgem nesse clima as intensas páginas escritas para Agostinho. Além do conteúdo de cada carta, impressiona a afabilidade com que o santo de Nola canta a própria amizade, como manifestação do único corpo de Cristo animado pelo Espírito Santo. Eis um trecho significativo, no início da correspondência entre os dois amigos: "Não devemos admirar-nos se, embora distantes, estamos presentes um para o outro e sem nos termos conhecido, conhecemo-nos, pois somos membros de um só corpo, temos uma só cabeça, somos inundados por uma só graça, vivemos de um só pão, percorremos o mesmo caminho, residimos na mesma casa" (*Ep.* 6,2).

Como vemos, essa é uma belíssima descrição do que significa ser cristão, ser Corpo de Cristo, viver na comunhão da Igreja. A teologia do nosso tempo encontrou precisamente no conceito de comunhão a chave de abordagem do mistério da Igreja. O testemunho de São Paulino de Nola ajuda-nos a sentir a Igreja como no-la apresenta o Concílio Vaticano II, como sacramento da união íntima com Deus, e assim da unidade de todos nós e, por fim, de todo o gênero humano (cf. *Lumen gentium*, 1). Nessa perspectiva, desejo a todos um proveitoso tempo de Advento.

*(Audiência geral, 12 de dezembro de 2007, Sala Paulo VI)*

# SANTO AGOSTINHO

## *I: A VIDA*

*Queridos irmãos e irmãs,*

depois das festas natalinas, eu gostaria de retomar as meditações sobre os Padres da Igreja e falar hoje do maior Padre da Igreja Latina, Santo Agostinho: homem de paixão e de fé, de grande inteligência e de incansável solicitude pastoral, este grande santo e Doutor da Igreja é muitas vezes conhecido, pelo menos de fama, também por quem ignora o cristianismo ou não está familiarizado com ele, porque deixou uma marca muito profunda na vida cultural do Ocidente e de todo o mundo.

Por sua singular relevância, Santo Agostinho teve uma influência enorme, e poder-se-ia afirmar, por um lado, que todos os caminhos da literatura latina cristã levam a Hipona (hoje Anata, na costa da Argélia) – a cidade da África romana onde ele foi bispo de 395 até a morte em 430 – e, por outro, que desse lugar derivam muitos outros caminhos do cristianismo posterior e da própria cultura ocidental.

Raramente uma civilização encontrou um espírito tão grande, que soubesse acolher os valores e exaltar-lhes a riqueza intrínseca, inventando ideias e formas de que se nutririam as gerações seguintes, como ressaltou também Paulo VI: "Pode-se dizer que todo o pensamento da antiguidade conflui na sua obra e que dela derivam correntes de pensamento que permeiam toda a tradição doutrinária dos séculos seguintes" (*AAS*, 62, 1970, p. 426). Além disso, Agostinho é o Padre da Igreja que deixou o maior número de obras.

O seu biógrafo Possídio diz: parecia impossível que um homem pudesse escrever tantas coisas durante a vida. Falaremos dessas inúmeras obras num próximo encontro. Hoje a nossa atenção volta-se para a sua vida, que se reconstrói bem a partir dos escritos, e em particular das *Confissões*, a extraordinária autobiografia espiritual, escrita em louvor a Deus, que é a sua obra mais famosa.

E justamente porque são exatamente as *Confissões* agostinianas, com a sua atenção à interioridade e à psicologia, que constituem um modelo único na literatura ocidental (e não só ocidental), mesmo que não religiosa, até a modernidade. Essa atenção à vida espiritual, ao mistério do eu, ao mistério de Deus que se oculta no eu, é uma coisa extraordinária, sem precedentes, e permanece para sempre, por assim dizer, um "vértice" espiritual.

Mas, voltando à sua vida, Agostinho nasceu em Tagaste – na província da Numídia, na África romana – a 13 de novembro de 354, filho de Patrício, um pagão que depois se tornou catecúmeno, e de Mônica, cristã fervorosa. Essa mulher apaixonada, venerada como santa, exerceu sobre o filho uma enorme influência e educou-o na fé cristã. Agostinho havia também recebido o sal, como sinal do acolhimento no catecumenato, e permaneceu sempre fascinado pela figura de Jesus Cristo. Aliás, ele diz ter sempre amado Jesus, mas ter-se afastado sempre mais da fé eclesial, da prática eclesial, como acontece também hoje com muitos jovens.

Agostinho tinha também um irmão, Navígio, e uma irmã, de quem não sabemos o nome e que, depois de ficar viúva, chefiou um mosteiro feminino. O jovem, de inteligência aguda, recebeu uma boa educação, mesmo se nem sempre foi um aluno exemplar. Contudo, estudou bem a gramática, primeiro na sua cidade natal, depois em Madaura, e de 370 em diante, retórica em Cartago, capital da África romana: adquiriu um domínio perfeito da língua latina. Não chegou, porém, a manejar com igual destreza o grego, e não aprendeu o cartaginês, falado por seus conterrâneos.

Precisamente em Cartago Agostinho leu pela primeira vez o *Hortênsio*, um escrito de Cícero, depois perdido, que se situa no início do seu caminho para a conversão. O texto ciceroniano, de fato, despertou nele o amor pela sabedoria, como escrevera, já bispo, nas *Confissões*: "Aquele livro mudou realmente o meu modo de sentir", tanto que "imediatamente perdeu valor toda esperança vã e eu desejava com incrível ardor do coração a imortalidade da sabedoria" (III,4,7).

Mas, como estava convencido de que sem Jesus não se pode dizer que se encontrou realmente a verdade, e porque nesse livro apaixonante não constava esse nome, logo após tê-lo lido começou a ler a Escritura, a Bíblia. Mas ficou decepcionado. Não só porque o estilo latino da tradução da Sagrada Escritura era inadequado, mas também porque o próprio conteúdo lhe pareceu insatisfatório.

Nas narrações da Escritura sobre guerras e outros acontecimentos humanos não encontrava a grandeza da filosofia, o esplendor da busca da verdade que é próprio dela. Não queria, porém, viver sem Deus, e assim procurava uma religião correspondente ao seu desejo de verdade e também ao seu desejo de aproximar-se de Jesus. Caiu assim na rede dos maniqueus, que se apresentavam como cristãos e prometiam uma religião totalmente racional. Afirmavam que o mundo está dividido em dois princípios: o bem e o mal. E assim se explicaria toda a complexidade da história humana.

Agostinho apreciava também a moral dualista, porque implicava uma moral muito elevada para os eleitos: e para quem, como ele, a ela aderia, era possível uma vida muito mais adequada à situação do tempo, especialmente para um homem jovem. Tornou-se, portanto, maniqueu, convencido naquele momento de ter encontrado a síntese entre racionalidade, busca da verdade e amor a Jesus Cristo. E teve também uma vantagem concreta para a sua vida: a adesão aos maniqueus oferecia de fato perspectivas fáceis de carreira.

Aderir àquela religião que contava com muitas personalidades influentes permitia-lhe prosseguir na sua carreira, além de continuar a relação estabelecida com uma mulher. (Dessa mulher teve um filho, Adeodato, muito querido por ele, muito inteligente, que estará depois presente na preparação ao batismo no lago de Como, participando daqueles *Diálogos* que Santo Agostinho nos transmitiu. Infelizmente, o jovem faleceu prematuramente.)

Agostinho, professor de gramática já em torno dos vinte anos na sua cidade natal, voltou a Cartago, onde se tornou um brilhante e celebrado mestre de retórica. Com o tempo, no entanto, começou a afastar-se da fé dos maniqueus, que o decepcionaram precisamente do ponto de vista intelectual, por serem incapazes de resolver as suas dúvidas, e transferiu-se para Roma e depois para Milão, onde frequentava a corte imperial e onde obtivera uma posição de prestígio graças ao interesse e às recomendações do prefeito de Roma, o pagão Símaco, hostil ao bispo de Milão, Santo Ambrósio.

Em Milão, Agostinho adquiriu o hábito de ouvir – inicialmente com o objetivo de enriquecer a sua bagagem retórica – as belas pregações do bispo Ambrósio, que havia sido representante do imperador para a Itália setentrional. O retórico africano ficou fascinado pela palavra do grande prelado milanês, e não só por sua retórica: principalmente os conteúdos tocaram cada vez mais o seu coração.

O grande problema do Antigo Testamento – a falta de beleza retórica e de elevação filosófica – ficou resolvido nas pregações de Santo Ambrósio graças à interpretação tipológica do Antigo Testamento: Agostinho compreendeu que todo o Antigo Testamento é um caminho para Jesus Cristo. Encontrou assim a chave para compreender a beleza, a profundidade também filosófica do Antigo Testamento e percebeu toda a unidade do mistério de Cristo na história e também a síntese entre filosofia, racionalidade e fé no *Logos*, em Cristo Verbo eterno que se fez carne.

Em pouco tempo Agostinho se deu conta de que a leitura alegórica da Escritura e a filosofia neoplatônica praticadas pelo bispo de Milão lhe permitiam resolver as dificuldades intelectuais que, quando era mais jovem, na sua primeira abordagem dos textos bíblicos, lhe haviam parecido insuperáveis.

À leitura dos escritos dos filósofos, Agostinho fez assim seguir a leitura renovada da Escritura e principalmente das Cartas paulinas. A conversão ao cristianismo, em 15 de agosto de 386, constituiu, portanto, o ponto culminante de um longo e atormentado itinerário interior, do qual falaremos ainda em outra catequese, e o africano transferiu-se para o campo ao norte de Milão, nas proximidades do lago de Como – com a mãe Mônica, o filho Adeodato e um pequeno grupo de amigos – para preparar-se para o batismo. Assim, aos 32 anos, Agostinho foi batizado por Ambrósio no dia 24 de abril de 387, durante a Vigília pascal, na catedral de Milão.

Depois do batismo, Agostinho decidiu retornar à África com os amigos, com a ideia de praticar uma vida comunitária, de tipo monástico, a serviço de Deus. Mas em Óstia, esperando para partir, a mãe adoeceu inesperadamente e pouco depois faleceu, dilacerando o coração do filho. Chegando finalmente em sua pátria, o convertido estabeleceu-se em Hipona para ali fundar um mosteiro. Nessa cidade da costa africana, apesar das suas resistências, foi ordenado presbítero em 391 e iniciou com alguns companheiros a vida monástica em que pensava havia muito tempo, dividindo o tempo entre a oração, o estudo e a pregação. Ele desejava estar unicamente ao serviço da verdade, não se sentia chamado à vida pastoral, mas depois compreendeu que o chamado de Deus era para ser Pastor entre os outros, e assim oferecer o dom da verdade a todos.

Em Hipona, quatro anos mais tarde, em 395, foi sagrado bispo. Continuando a aprofundar o estudo das Escrituras e dos textos da tradição cristã, Agostinho foi um bispo exemplar no seu incansável zelo pastoral: pregava mais vezes por semana aos seus fiéis, sustentava os pobres e os órfãos, cuidava da formação do clero e da organização de mosteiros femininos e masculinos.

Em resumo, o antigo retórico afirmou-se como um dos representantes mais importantes do cristianismo daquele tempo: muito ativo no governo da sua diocese – com notáveis consequências também civis – nos mais de 35 anos de episcopado, o bispo de Hipona exerceu realmente uma vasta influência na direção da Igreja católica da África romana e mais em geral no cristianismo do seu tempo, enfrentando tendências religiosas e heresias persistentes e desagregadoras como o maniqueísmo, o donatismo e o pelagianismo, que punham em perigo a fé cristã no Deus único e rico de misericórdia.

E a Deus entregou-se Agostinho todos os dias, até o fim da sua vida: atingido pela febre, enquanto havia quase três meses a sua Hipona era assediada pelos invasores vândalos, o bispo, – narra o amigo Possídio na *Vida de Agostinho* – pediu que fossem transcritos com letras grandes os Salmos penitenciais "e fez fixar as folhas na parede, de modo que estando de cama durante a sua enfermidade podia vê-los e lê-los, e derramava lágrimas quentes sem parar" (31,2). Assim transcorreram os últimos dias da vida de Agostinho, que faleceu no dia 28 de agosto de 430, quando ainda não havia completado 76 anos. Dedicaremos os próximos encontros às suas obras, à sua mensagem e à sua vida interior.

*(Audiência geral, 9 de janeiro de 2008, Sala Paulo VI)*

# SANTO AGOSTINHO

## *II: OS ÚLTIMOS ANOS E A MORTE*

*Queridos irmãos e irmãs,*

hoje, como quarta-feira passada, eu gostaria de falar do grande bispo de Hipona, Santo Agostinho. Quatro anos antes de morrer, ele quis designar o seu sucessor. Por isso, a 26 de setembro de 426, ele reuniu a população na Basílica da Paz, em Hipona, para apresentar aos fiéis aquele que ele havia indicado para essa função. Disse: "Nesta vida somos todos mortais, mas o último dia desta vida é para cada um de nós sempre incerto. Contudo, na infância espera-se chegar à adolescência; na adolescência, à juventude; na juventude, à idade adulta; na idade adulta, à maturidade; na maturidade, à velhice. Não se tem certeza de alcançá-la, mas se espera.

A velhice, ao contrário, não tem adiante de si outro período a esperar; a sua própria duração é incerta (...). Eu, por vontade de Deus, cheguei a esta cidade no vigor da minha vida; mas agora a minha juventude passou e eu já sou velho" (*Ep*. 213,1). Nesse ponto, Agostinho anunciou o nome do sucessor designado, o sacerdote Heráclio. A assembleia prorrompeu em aplausos de aprovação, repetindo 23 vezes: "Agradecido seja Deus! Louvado seja Cristo!" Com outras aclamações os fiéis aprovaram, além disso, tudo o que Agostinho disse depois sobre os objetivos para o seu futuro: queria dedicar os anos que lhe restavam a um estudo mais intenso das Sagradas Escrituras (cf. *Ep*. 213,6).

De fato, seguiram-se quatro anos de extraordinária atividade intelectual: concluiu obras importantes, iniciou outras não menos relevantes, manteve debates públicos com os hereges – procurava sempre o diálogo –, interveio para promover a paz nas províncias africanas assediadas pelas tribos bárbaras do sul. Nesse sentido escreveu ao conde Dario, que foi à África para resolver o conflito entre o conde Bonifácio e a corte imperial, do qual se aproveitavam as tribos dos mouros para suas incursões: "Título maior de glória – afirmava na carta – é precisamente matar a guerra com a palavra, em vez de matar os homens com a espada, e procurar ou manter a paz com a paz e não com a guerra.

"Sem dúvida, também os que combatem, se são bons, procuram a paz, mas à custa de derramamento de sangue. Tu, ao contrário, foste enviado precisamente para impedir que se procure derramar o sangue de alguém" (*Ep.* 229,2). Infelizmente, a esperança de uma pacificação dos territórios africanos frustrou-se: em maio de 429, os vândalos, convidados à África em represália pelo próprio Bonifácio, cruzaram o estreito de Gibraltar e se espalharam pela Mauritânia. A invasão alcançou rapidamente as outras ricas províncias africanas. Em maio ou junho de 430, "os destruidores do império romano", como Possídio qualifica esses bárbaros (*Vida* 30,1), estavam nos arredores de Hipona, impondo-lhe o cerco.

Também Bonifácio havia procurado refúgio na cidade, o qual, reconciliando-se demasiado tarde com a corte, procurava agora em vão impedir a passagem aos invasores. O biógrafo Possídio descreve o sofrimento de Agostinho: "As lágrimas eram, mais do que de costume, o seu pão dia e noite e, chegado já ao extremo da sua vida, mais que os outros arrastava na amargura e no luto a sua velhice" (*Vida* 28,6). E explica: "Via, de fato, aquele homem de Deus, os massacres e a destruição das cidades; as casas destruídas nos campos e os habitantes mortos pelos inimigos ou afugentados e postos em debandada; as igrejas privadas dos sacerdotes e dos ministros, as virgens sagradas e os religiosos dispersos por toda parte; entre esses, muitos mortos sob torturas, outros pela espada, outros ainda feitos prisioneiros, perdida a integridade da alma e do corpo e também a fé, reduzidos a dolorosa e longa escravidão pelos inimigos" (*ibid.*, 28,8).

Embora idoso e cansado, Agostinho manteve-se firme, confortando a si mesmo e aos outros com a oração e a meditação sobre os misteriosos desígnios da Providência. Nesse aspecto, falava da "velhice do mundo" – e era realmente velho esse mundo romano –, falava dessa velhice como já falara anos antes para consolar os refugiados vindos da Itália, quando em 410 os godos de Alarico haviam invadido a cidade de Roma.

Na velhice, dizia, as doenças se multiplicam: tosse, catarro, remela, ansiedade, definhamento. Mas se o mundo envelhece, Cristo é perpetuamente jovem. E então o convite: "Não se recusar a rejuvenescer unido a Cristo, mesmo no mundo velho. Ele te diz: Não temas, a tua juventude se renovará como a da águia" (cf. *Sermões* 81,8). O cristão, portanto, não deve desanimar nem nas situações difíceis, mas esforçar-se para ajudar quem necessita. É o que o grande Doutor sugere, em resposta ao bispo de Tiabe, Honorato, que lhe havia perguntado se, sob a ameaça das invasões bárbaras, um bispo, um sacerdote ou outro homem de Igreja poderia fugir para salvar a vida: "Quando o perigo é comum a todos, isto é, a bispos, clérigos e leigos, os que têm necessidade dos outros não devem ser abandonados por aqueles dos quais têm necessidade. Nesse caso transfiram-se todos para lugares seguros; mas se alguns precisam permanecer, não sejam abandonados por aqueles que têm o dever de assisti-los com o sagrado ministério, de modo que se salvem juntos ou juntos suportem as calamidades que o Pai de família quiser que sofram" (*Ep.* 228,2). E concluía: "Esta é a prova suprema da caridade" (*ibid.*, 3). Como não reconhecer, nessas palavras, a mensagem heroica que tantos sacerdotes, ao longo dos séculos, acolheram e tornaram própria?

Entretanto, a cidade de Hipona resistia. A casa-mosteiro de Agostinho havia aberto as portas para acolher os colegas no episcopado que pediam hospitalidade. Entre eles estava também Possídio, já seu discípulo, o qual pôde assim deixar-nos o testemunho direto daqueles últimos e dramáticos dias. "No terceiro mês daquele assédio – narra ele – caiu de cama com febre: era a sua última doença" (*Vida* 29,3). O santo idoso aproveitou aquele tempo finalmente livre para dedicar-se com mais intensidade à oração. Costumava dizer que ninguém, bispo, religioso ou leigo, por mais irrepreensível que pudesse parecer o seu comportamento, podia encarar a morte sem uma adequada penitência. Por isso, repetia continuamente entre lágrimas os salmos penitenciais, que muitas vezes havia recitado com o povo (cf. *ibid.*, 31,2).

Quanto mais a doença se agravava, mais o bispo moribundo sentia necessidade de solidão e de oração: "Para não ser perturbado por ninguém no seu recolhimento, cerca de dez dias antes de sair do corpo pediu a nós presentes que não deixássemos entrar ninguém no seu quarto fora das horas em que os médicos vinham visitá-lo ou quando lhe levavam as refeições. A sua vontade foi cumprida exatamente conforme o seu pedido, e durante todo aquele tempo ele se dedicava à oração" (*ibid.*, 31,3). Ele faleceu no dia 28 de agosto de 430: o seu grande coração finalmente se acalmara em Deus.

"Para a deposição do seu corpo – informa Possídio – foi oferecido a Deus o sacrifício, ao qual nós assistimos, e depois foi sepultado" (*Vida* 31,5). O seu corpo, em data incerta, foi transferido para a Sardenha e dali, por volta de 725, para Pávia, na Basílica de San Pietro in Ciel d'oro, onde repousa ainda hoje. O seu primeiro biógrafo tem sobre ele este juízo conclusivo: "Deixou à Igreja um clero muito numeroso, como também mosteiros de homens e de mulheres cheios de pessoas dedicadas à continência sob a obediência dos seus superiores, junto com as bibliotecas contendo livros e discursos seus e de outros santos, pelos quais se conhece qual tenha sido por graça de Deus o seu mérito e a sua grandeza na Igreja, e nos quais os fiéis sempre o encontram vivo" (*Vida* 31,8).

É um juízo a que podemos associar-nos: nos seus escritos também nós o "encontramos vivo".

Quando leio os escritos de Santo Agostinho, não tenho a impressão de que seja um homem morto há mais ou menos 1.600 anos, mas o sinto como um homem de hoje: um amigo, um contemporâneo que fala a mim, que fala a nós com a sua fé renovada e atual. Em Santo Agostinho que fala a nós, que fala a mim nos seus escritos, vemos a atualidade permanente da sua fé; da fé que vem de Cristo, Verbo eterno encarnado, Filho de Deus e filho do homem. E podemos ver que essa fé não é de ontem, mesmo tendo sido pregada ontem; é sempre de hoje, porque realmente Cristo é ontem, hoje e para sempre. Ele é o Caminho, a Verdade e a Vida. Assim Santo Agostinho nos estimula a confiar-nos a este Cristo sempre vivo e a encontrar assim o caminho da vida verdadeira.

*(Audiência geral, 16 de janeiro de 2008, Sala Paulo VI)*

# SANTO AGOSTINHO

## *III: A DOUTRINA. FÉ E RAZÃO*

*Queridos amigos,*

depois da Semana de Orações pela unidade dos cristãos, voltamos hoje à grande figura de Santo Agostinho. O meu querido predecessor João Paulo II dedicou-lhe em 1986, isto é, no décimo sexto centenário da sua conversão, um longo e denso documento, a Carta apostólica *Augustinum Hipponensem*. O próprio papa quis definir esse texto como "um agradecimento a Deus pelo dom feito à Igreja, e por ela à humanidade inteira, com aquela admirável conversão" (*AAS*, 74, 1982, p. 802).

Eu gostaria de voltar ao tema da conversão numa próxima audiência. Esse é um tema fundamental não só para a vida pessoal dele, mas também para a nossa. No Evangelho de domingo passado, o próprio Senhor resumiu sua pregação com a palavra "Convertei-vos". Seguindo o caminho de Santo Agostinho, poderemos meditar sobre o que seja essa conversão: é algo definitivo, decisivo, mas a decisão fundamental deve desenvolver-se, deve realizar-se em toda a nossa vida.

A catequese de hoje, porém, é dedicada ao tema fé e razão, que é um tema determinante, ou melhor, *o* tema determinante para a biografia de Santo Agostinho. Quando criança, ele havia aprendido de sua mãe Mônica a fé católica. Mas na adolescência havia abandonado essa fé, porque não conseguia mais ver nela a racionalidade e não queria uma religião que não fosse também expressão da razão, isto é, da verdade. A sua sede de verdade era radical e o levou, assim, a afastar-se da fé católica. Mas a sua radicalidade era tal que ele não podia contentar-se com filosofias que não alcançassem a própria verdade, que não chegassem a Deus. E a um Deus que não fosse apenas uma última hipótese cosmológica, mas o verdadeiro Deus, o Deus que dá a vida e que entra na nossa própria vida.

Assim, todo o percurso intelectual e espiritual de Santo Agostinho constitui um modelo válido também hoje na relação entre fé e razão, tema não só para homens crentes, mas para todo homem que procura a verdade, tema central para o equilíbrio e o destino de cada ser humano. Essas duas dimensões, fé e razão, não devem ser separadas nem contrapostas, mas antes devem andar sempre juntas.

Como escreveu o próprio Agostinho depois da sua conversão, fé e razão são "as duas forças que nos levam a conhecer" (*Contra os Acadêmicos* III,20,43). A este propósito, continuam justamente célebres as duas fórmulas agostinianas (*Sermões* 43,9) que expressam esta síntese coerente entre fé e razão: *crede ut intelligas* ("crê para compreender") – o crer abre o caminho para transpor a porta da verdade –, mas também, e inseparavelmente, *intellige ut credas* ("compreende para crer") – perscruta a verdade para poder encontrar a Deus e crer.

As duas afirmações de Agostinho exprimem com eficaz proximidade e com igual profundidade a síntese desse problema, na qual a Igreja católica vê expresso o próprio caminho. Historicamente, essa síntese vai se formando, antes ainda da vinda de Cristo, no encontro entre fé judaica e pensamento grego no judaísmo helenístico. Sucessivamente na história, essa síntese foi retomada e desenvolvida por muitos pensadores cristãos. A harmonia entre fé e razão significa sobretudo que Deus não está distante: não está longe da nossa razão e da nossa vida; está próximo de cada ser humano, próximo do nosso coração e próximo da nossa razão, se realmente nos pomos a caminho.

Precisamente essa proximidade de Deus com relação ao homem foi sentida com extraordinária intensidade por Agostinho. A presença de

Deus no homem é profunda e ao mesmo tempo misteriosa, mas pode ser reconhecida e descoberta no próprio íntimo: não saias – afirma o convertido –, mas "entra em ti mesmo; no homem interior habita a verdade; e se descobres que a tua natureza é mutável, transcende a ti mesmo. Mas, quando transcendes a ti mesmo, lembra-te de que transcendes uma alma que raciocina. Propende, portanto, para onde se acende a luz da razão" (*A verdadeira religião* 39,72). Exatamente como ele mesmo ressalta, com uma afirmação muito famosa, no início das *Confissões*, autobiografia espiritual escrita em louvor a Deus: "Criaste-nos para ti e o nosso coração vive inquieto enquanto não repousa em ti" (I,1,1).

A distância de Deus equivale, então, à distância de si mesmo: "Tu, de fato – reconhece Agostinho (*Confissões* III,6,11), dirigindo-se diretamente a Deus – eras mais íntimo que o meu próprio íntimo e mais elevado do que o meu ser mais alto", *interior intimo meo et superior summo meo*; tanto que – acrescenta em outra passagem, lembrando o tempo anterior à conversão – "tu estavas diante de mim; eu, porém, havia-me afastado de mim mesmo, e não me reencontrava; e muito menos encontrava a ti" (*Confissões*, V,2,2).

Precisamente porque Agostinho viveu na própria carne esse itinerário intelectual e espiritual, soube transmiti-lo nas suas obras com tanta proximidade, profundidade e sabedoria, reconhecendo em duas outras célebres passagens das *Confissões* (IV,4,9 e 14,22) que o homem é "um grande enigma" (*magna quaestio*) e "um grande abismo" (*grande profundum*), enigma e abismo que só Cristo ilumina e salva. Isto é importante: um homem que está longe de Deus está também longe de si, alienado de si mesmo, e só pode reencontrar-se encontrando-se com Deus. Assim chega também a si, ao seu verdadeiro eu, à sua verdadeira identidade.

O ser humano – ressalta depois Agostinho no *De civitate Dei* (*A cidade de Deus* XII,27) – é social por natureza, mas antissocial por vício, e é salvo por Cristo, único mediador entre Deus e a humanidade, e "caminho universal da liberdade e da salvação", como repetiu o meu predecessor João Paulo II (*Augustinum Hipponensem*, 21): fora desse caminho, que nunca faltou ao gênero humano – afirma ainda Agostinho na mesma obra – "ninguém jamais foi libertado, ninguém é libertado, ninguém será libertado" (*A cidade de Deus* X, 32,2).

Enquanto único mediador da salvação, Cristo é a cabeça da Igreja e a ela está misticamente unido, a ponto de Agostinho poder afirmar: "Tornamo-nos Cristo. De fato, se ele é a cabeça, e nós os seus membros, o homem total é Ele e nós" (*Comentário ao Evangelho de João* 21,8).

Povo de Deus e casa de Deus, a Igreja na visão agostiniana está portanto estreitamente ligada ao conceito de Corpo de Cristo, fundada na releitura cristológica do Antigo Testamento e na vida sacramental centrada na Eucaristia, na qual o Senhor nos dá o seu Corpo e nos transforma no seu Corpo. Então, é fundamental que a Igreja, povo de Deus em sentido cristológico e não em sentido sociológico, esteja verdadeiramente inserida em Cristo, o qual – afirma Agostinho numa belíssima página – "reza por nós, reza em nós, é rezado por nós; reza por nós como nosso sacerdote, reza em nós como nossa cabeça, é rezado por nós como nosso Deus: reconheçamos, portanto, n'Ele a nossa voz e em nós a d'Ele" (*Exposição sobre os Salmos* 85,1).

Na conclusão da Carta apostólica *Augustinum Hipponensem*, João Paulo II quis perguntar ao próprio Santo o que ele teria a dizer aos homens de hoje, e responde em primeiro lugar com as palavras que Agostinho escreveu numa carta pouco depois da sua conversão: "Parece-me que se deve reconduzir os homens à esperança de encontrar a verdade" (*Ep.* 1,1); aquela verdade que é o próprio Cristo, Deus verdadeiro, a quem é dirigida uma das orações mais belas e mais famosas das *Confissões* (X,27,38): "Tarde Vos amei, Beleza tão antiga e tão nova, tarde Vos amei! Eis que habitáveis dentro de mim, e eu fora, e ali Vos procurava, e nas belezas que criastes, disforme, eu me lançava. Estáveis comigo, mas eu não estava convosco. De Vós mantinham-me distante as coisas que, se não estivessem em Vós, não existiriam. Chamastes-me, gritastes e rompestes a minha surdez; brilhastes, mostrastes o Vosso esplendor e dissipastes a minha cegueira; exalastes o Vosso perfume e eu o respirei suspirando por Vós; saboreei-Vos, e agora tenho fome e sede; tocastes-me, e me inflamei na Vossa paz".

Eis que Agostinho encontrou Deus e durante toda a sua vida viveu a experiência d'Ele, a tal ponto que essa realidade – que é antes de tudo encontro com uma pessoa, Jesus – mudou a sua vida, como muda a de todos os que, mulheres e homens, em qualquer tempo, têm a graça de encontrá-Lo. Rezemos ao Senhor para que nos dê esta graça e assim nos faça encontrar a sua paz.

*(Audiência geral, 30 de janeiro de 2008, Sala Paulo VI)*

# SANTO AGOSTINHO

## *IV: AS OBRAS*

*Queridos irmãos e irmãs,*

depois da pausa dos Exercícios Espirituais da semana passada, voltamos hoje à grande figura de Santo Agostinho, sobre o qual já falei repetidamente nas catequeses da quarta-feira. Agostinho é o Padre da Igreja que deixou o maior número de obras, e delas pretendo falar hoje brevemente. Alguns dos escritos agostinianos são de importância fundamental, não só para a história do cristianismo, mas para a formação de toda a cultura ocidental: o exemplo mais claro são as *Confissões*, sem dúvida um dos livros da antiguidade cristã ainda hoje mais lidos.

Como diversos Padres da Igreja dos primeiros séculos, mas numa medida incomparavelmente mais vasta, também o bispo de Hipona exerceu realmente uma influência ampla e persistente, como o demonstra a superabundante tradição manuscrita das suas obras, que são deveras numerosíssimas.

Ele mesmo as passou em revista alguns anos antes de morrer nas *Retractationes* (*Retratações*) e pouco depois da sua morte foram cuidadosamente registradas no *Indiculus* ("elenco") anexado pelo fiel amigo Possídio à biografia de Santo Agostinho, *Vida de Agostinho*. O elenco das obras de Agostinho foi realizado com a intenção explícita de salvaguardar a sua memória enquanto a invasão vândala se alastrava em toda a África romana, e conta 1.030 escritos numerados pelo Autor, com outros "que não podem ser numerados, porque não colocou nenhum número".

Bispo de uma cidade próxima, Possídio ditava essas palavras precisamente em Hipona – onde havia se refugiado e assistido à morte do amigo – e quase certamente se baseava no catálogo da biblioteca pessoal de Agostinho. Hoje, são mais de trezentas as cartas que restaram do bispo de Hipona e quase seiscentas as homilias, mas estas eram originalmente muitas mais, talvez até mesmo entre três mil e quatro mil, fruto de quarenta anos de pregação do antigo retórico que havia decidido seguir Jesus e falar não mais aos grandes da corte imperial, mas à população simples de Hipona.

E ainda em anos recentes, as descobertas de um grupo de cartas e de algumas homilias enriqueceram o nosso conhecimento deste grande Padre da Igreja. "Muitos livros – escreve Possídio – foram por ele compostos e publicados, muitos sermões foram proferidos na igreja, transcritos e corrigidos, seja para refutar os diversos hereges seja para interpretar as Sagradas Escrituras para edificação dos santos filhos da Igreja. Essas obras – ressalta o bispo amigo – são tantas, que dificilmente um estudioso tem possibilidade de lê-las e aprender a conhecê-las" (*Vida de Agostinho* 18,9).

Entre a produção literária de Agostinho – portanto mais de mil publicações, subdivididas em escritos filosóficos, apologéticos, doutrinais, morais, monásticos, exegéticos, antieréticos, e ainda as cartas e as homilias – sobressaem algumas obras excepcionais de grande alcance teológico e filosófico. Em primeiro lugar, é preciso lembrar as já mencionadas *Confissões*, escritas em treze livros entre 397 e 400 em louvor a Deus. Elas são uma espécie de autobiografia na forma de um diálogo com Deus. Este gênero literário reflete precisamente a vida de Santo Agostinho, que era uma vida não fechada em si, dispersa em muitas coisas, mas vivida substancialmente como diálogo com Deus, e assim uma vida com os outros.

Já o título *Confissões* indica a especificidade dessa autobiografia. A palavra *confessiones* no latim cristão desenvolvido pela tradição dos Salmos tem dois significados, que no entanto se entrelaçam. *Confessiones* indica, em primeiro lugar, a confissão das próprias fraquezas, da miséria dos pecados; mas, ao mesmo tempo, *confessiones* significa louvor a Deus, reconhecimento a Deus. Ver a própria miséria na luz de Deus torna-se louvor a Deus e agradecimento, porque Deus nos ama e nos aceita, nos transforma e nos eleva para si mesmo.

Sobre essas *Confissões*, que tiveram grande sucesso já durante a vida de Santo Agostinho, ele mesmo escreveu: "Elas exerceram sobre mim um grande efeito enquanto as escrevia e ainda exercem quando as releio. Essas obras são do agrado de muitos irmãos" (*Retratações* II,6): e devo dizer que também eu sou um desses "irmãos". Graças às *Confissões*, podemos seguir passo a passo o caminho interior deste homem extraordinário e apaixonado por Deus. Menos difundidas, mas igualmente originais e muito importantes, são também as *Retratações*, compostas em dois livros por volta de 427, nas quais Santo Agostinho, já idoso, realiza uma obra de "revisão" (*retratactio*) de toda a sua obra escrita, deixando assim um documento literário singular e muito precioso, mas também um ensinamento de sinceridade e de humildade intelectual.

*A Cidade de Deus* – obra imponente e decisiva para o desenvolvimento do pensamento político e para a teologia cristã da história – foi escrita entre 413 e 426, em 22 livros. A ocasião era o saque de Roma perpetrado pelos godos em 410. Os pagãos, ainda numerosos naquele tempo, e também muitos cristãos, pensavam que o Deus da nova religião e os próprios apóstolos haviam demonstrado ser incapazes de proteger a cidade. Nos tempos das divindades pagãs, Roma era *caput mundi*, a grande capital, e ninguém pensava que poderia cair nas mãos dos inimigos.

Agora, com o Deus dos cristãos, essa grande cidade já não parecia segura. Portanto, o Deus dos cristãos, que não protegia, não podia ser o Deus em quem confiar. A essa objeção, que tocava profundamente também o coração dos cristãos, Santo Agostinho responde com esta obra grandiosa, *A Cidade de Deus*, esclarecendo o que devemos e o que não devemos esperar de Deus, qual é a relação entre a esfera política e a esfera da fé, da Igreja. Também hoje este livro é uma fonte para definir bem a verdadeira laicidade e a competência da Igreja, a grande verdadeira esperança que a fé nos dá.

Este grande livro é uma apresentação da história da humanidade governada pela Providência divina, mas atualmente dividida por dois amores. E este é o plano fundamental, a sua interpretação da história, que é a luta entre dois amores: amor a si "até a indiferença por Deus", e amor a Deus "até a indiferença por si" (*A Cidade de Deus* XIV,28), à plena liberdade de si pelos outros na luz de Deus. Este, portanto, talvez seja o maior livro de Santo Agostinho, de uma importância permanente.

Igualmente importante é o *De Trinitate* (*A Trindade*), obra em quinze livros sobre o principal núcleo da fé cristã, a fé no Deus trinitário, escrita em dois tempos: entre 399 e 412 os primeiros doze livros, publicados sem o conhecimento de Agostinho, que por volta de 420 os completou e revisou a obra inteira. Aqui ele reflete sobre a face de Deus e procura compreender este mistério do Deus que é único, o único Criador do mundo, de nós todos e, no entanto, precisamente este único Deus é trinitário, um círculo de amor. Ele procura compreender o mistério insondável: exatamente o ser trinitário, em três Pessoas, é a mais real e mais profunda unidade do único Deus.

A obra *A Doutrina Cristã* é, por outro lado, uma verdadeira e própria introdução cultural à interpretação da Bíblia e, em última análise, ao próprio cristianismo, um tratado que teve uma importância determinante na formação da cultura ocidental.

Apesar de toda a sua humildade, Agostinho certamente tinha consciência da sua estatura intelectual. Mas para ele, mais importante do que realizar grandes obras de elevado significado teológico, era levar a mensagem cristã aos simples. Essa sua intenção mais profunda, que orientou toda a sua vida, revela-se numa carta escrita ao colega Evódio, em que comunica a decisão de suspender momentaneamente o ditado dos livros sobre *A Trindade* "porque são muito cansativos e penso que podem ser compreendidos por poucos; por isso, são mais urgentes textos que, esperamos, serão úteis para muitos" (*Ep.* 169,1,1). Portanto, para ele era mais útil comunicar a fé de modo compreensível para todos do que escrever grandes obras teológicas.

A responsabilidade profundamente sentida com relação à divulgação da mensagem cristã está também na origem de escritos como *De catechizandis rudibus* (*A Catequese aos simples*), uma teoria e também uma prática da catequese, ou *Salmo contra o partido de Donato*. Os donatistas eram o grande problema da África de Santo Agostinho, um cisma intencionalmente africano. Eles afirmavam: o verdadeiro cristianismo é o africano. Opunham-se à unidade da Igreja.

Contra esse cisma o grande bispo lutou durante toda a sua vida, procurando convencer os donatistas que só na unidade também a africanidade pode ser verdadeira. E para fazer-se compreender pelos mais simples, que não conseguiam entender o latim erudito do retórico, Agostinho decidiu escrever num latim bem simplificado, inclusive com erros gramaticais. E assim procedeu principalmente neste *Salmo*, uma espécie de poesia simples contra os donatistas, para ajudar todas as pessoas a compreender que só na unidade da Igreja se realiza para todos realmente a nossa relação com Deus e aumenta a paz no mundo.

Nesta produção destinada a um público mais vasto, reveste-se de importância particular o número de homilias, muitas vezes pronunciadas de improviso, transcritas por taquígrafos durante a pregação e imediatamente postas em circulação. Entre essas destacam-se as belas *Exposições sobre os Salmos*, muito lidas na Idade Média. Precisamente a prática de publicação das milhares de homilias de Agostinho – muitas vezes sem o controle do autor – explica a sua difusão e consequente dispersão, mas também a sua vitalidade. De fato, as pregações do bispo de Hipona, pela fama do seu autor, logo se tornavam textos muito procurados e serviam também para outros bispos e sacerdotes como modelos, adaptados a contextos sempre novos.

A tradição iconográfica, já num afresco lateranense que remonta ao século IV, representa Santo Agostinho com um livro na mão, certamente para expressar a sua produção literária, que tanto influenciou a mentalidade e o pensamento cristãos, mas para exprimir também o seu amor pelos livros, pela leitura e pelo conhecimento da grande cultura precedente.

Ao falecer, nada deixou, conta Possídio, mas "recomendava sempre conservar diligentemente para a posteridade a biblioteca da igreja com todos os códices", principalmente os das suas obras. Nestas, destaca Possídio, Agostinho está "sempre vivo" e faz bem a quem lê os seus escritos, embora, conclui, "eu acredito que tiraram mais proveito os que puderam vê-lo e ouvi-lo quando falava pessoalmente na igreja, e principalmente os que participaram da sua vida cotidiana no meio do povo" (*Vida de Agostinho* 31). Sim, também para nós teria sido muito bom poder senti-lo vivo. Mas ele está realmente vivo nos seus escritos, está presente em nós, e assim sentimos também a permanente vitalidade da fé à qual ele entregou toda a sua vida.

*(Audiência geral, 20 de fevereiro de 2008, Sala Paulo VI)*

# SANTO AGOSTINHO

## *V: A TRÍPLICE CONVERSÃO*

*Queridos irmãos e irmãs,*

com o encontro de hoje, eu gostaria de concluir a apresentação da figura de Santo Agostinho. Depois de nos determos sobre a sua vida, sobre as obras e sobre alguns aspectos do seu pensamento, hoje eu gostaria de voltar à sua vida interior, que fez dele um dos maiores convertidos da história cristã. A essa experiência de Agostinho dediquei em particular a minha reflexão durante a peregrinação que fiz a Pávia, no ano passado, para venerar os despojos mortais deste Padre da Igreja. Desse modo eu quis expressar-lhe a homenagem de toda a Igreja católica, mas também exteriorizar a minha pessoal devoção e reconhecimento com relação a uma figura a que me sinto muito ligado pela influência que exerceu sobre a minha vida de teólogo, de sacerdote e de Pastor.

Ainda hoje é possível conhecer a vida de Santo Agostinho graças, principalmente, às *Confissões*, uma obra que está na origem de uma das formas literárias mais específicas do Ocidente, a autobiografia, isto é, a expressão pessoal da consciência de si. Pois bem, quem quer que entre em contato com este livro extraordinário e fascinante, ainda hoje muito lido, percebe facilmente como a conversão de Agostinho não foi súbita nem se realizou plenamente desde o início, mas pode ser definida como um verdadeiro e próprio caminho que continua sendo um modelo para cada um de nós.

Esse itinerário culminou certamente com a conversão, e depois com o batismo, mas não chegou ao fim naquela Vigília pascal do ano 387, quando em Milão o retórico africano foi batizado pelo bispo Ambrósio. De fato, o caminho de conversão de Agostinho prosseguiu humildemente até o fim da sua vida, tanto que se pode verdadeiramente dizer que as suas diversas etapas – podem-se distinguir facilmente três – constituem uma única grande conversão.

Santo Agostinho foi um buscador apaixonado da verdade: desde o início e depois durante toda a vida. A primeira etapa do seu caminho de conversão realizou-se precisamente na progressiva aproximação ao cristianismo. Na realidade, ele havia recebido da mãe Mônica, a quem permaneceu sempre muito ligado, uma educação cristã e, embora tivesse vivido durante os anos da juventude uma vida desregrada, sempre sentiu uma atração profunda por Cristo, tendo bebido o amor pelo nome do Senhor com o leite materno, como ele mesmo afirma (cf. *Confissões* III,4,8). Mas também a filosofia, principalmente a de orientação platônica, havia contribuído para aproximá-lo posteriormente de Cristo, manifestando-lhe a existência do *Logos*, a Razão criadora.

Os livros dos filósofos indicavam-lhe a existência da Razão, da qual procedem todas as coisas, mas não lhe diziam como chegar a esse *Logos*, que parecia muito distante. Somente a leitura do epistolário de São Paulo, na fé da Igreja católica, revelou-lhe plenamente a verdade. Agostinho sintetizou essa experiência numa das páginas mais famosas das *Confissões*. Ele narra que, no tormento das suas reflexões, recolhido num jardim, ouviu de súbito uma voz infantil que repetia uma cantilena, nunca antes por ele ouvida: *tolle, lege, tolle, lege*, "toma e lê, toma e lê" (VIII,12,29). Lembrou-se, então, da conversão de Antão, pai do monasticismo, e rápido voltou ao códice paulino que havia pouco estivera compulsando, abriu-o, e então o seu olhar recaiu sobre a passagem da *Carta aos Romanos* em que o apóstolo exorta a abandonar as obras da carne e a revestir-se de Cristo (13,13-14).

Ele compreendeu que aquela palavra, naquele momento, dirigia-se pessoalmente a ele, vinha de Deus por meio do apóstolo e lhe dizia o que fazer naquele momento. Sentiu assim dissipar-se as trevas da dúvida e viu-se enfim livre para entregar-se inteiramente a Cristo: "Havíeis convertido a Vós o meu ser", comenta ele (*Confissões* VIII,12,30). Esta foi a sua primeira e decisiva conversão.

O retórico africano chegou a essa etapa fundamental do seu longo caminho graças à sua paixão pelo homem e pela verdade, paixão que o levou a procurar o Deus grande e inacessível. A fé em Cristo fez-lhe compreender que Deus, aparentemente tão distante, na realidade não estava tão longe. Ele, de fato, se aproximara de nós, tornando-se um de nós. Nesse sentido a fé em Cristo levou a termo a longa busca de Agostinho no caminho da verdade.

Só um Deus que se fez "palpável", um de nós, era finalmente um Deus a quem se podia rezar, pelo qual e com o qual se podia viver. Este é um caminho a percorrer com coragem e ao mesmo tempo com humildade, na abertura a uma purificação permanente, de que cada um de nós sempre precisa. Mas com aquela Vigília pascal de 387, como dissemos, o caminho de Agostinho não estava concluído.

De volta à África e fundando um pequeno mosteiro, aí se recolheu com poucos amigos para dedicar-se à vida contemplativa e ao estudo. Esse era o sonho da sua vida. Agora era chamado a viver totalmente para a Verdade, com a verdade, na amizade de Cristo que é a Verdade. Um belo sonho que durou três anos, até o momento em que, a contragosto, foi consagrado sacerdote em Hipona e destinado a servir os fiéis, continuando, sim, a viver com Cristo e por Cristo, mas a serviço de todos.

Isso era muito difícil para ele, mas compreendeu desde o início que só vivendo para os outros, e não simplesmente para a sua contemplação particular, podia realmente viver com Cristo e para Cristo. Assim, renunciando a uma vida só de meditação, Agostinho aprendeu, muitas vezes com dificuldade, a pôr à disposição o fruto da sua inteligência em benefício dos outros. Aprendeu a comunicar a sua fé às pessoas simples e a viver assim para elas naquela que se tornou a sua cidade, desempenhando incansavelmente uma atividade generosa e árdua, que descreve do seguinte modo num dos seus belos sermões: "Continuamente pregar, discutir, repreender, edificar, estar à disposição de todos – é uma carga imensa, um grande peso, uma fadiga enorme" (*Sermões* 339,4). Mas ele tomou sobre si esse peso, compreendendo que precisamente assim podia estar mais próximo de Cristo. Compreender que se chega aos outros com simplicidade e humildade, esta foi a sua segunda conversão.

Mas há uma última etapa do caminho agostiniano, uma terceira conversão: a que o levou todos os dias da sua vida a pedir perdão a Deus. Inicialmente, ele pensara que uma vez batizado, vivendo na comunhão com Cristo, nos sacramentos, na celebração da Eucaristia, chegaria à vida proposta pelo Sermão da Montanha: à perfeição dada no batismo e confirmada na Eucaristia.

Na última parte da sua vida, compreendeu que o que havia dito nas primeiras pregações sobre o Sermão da Montanha – isto é, que agora nós como cristãos vivemos esse ideal permanentemente – estava errado. Só o próprio Cristo realiza verdadeira e totalmente o Sermão da Montanha. Nós temos sempre necessidade de ser lavados por Cristo e por Ele renovados. Temos necessidade daquela conversão permanente que se alimenta na humildade de saber-nos pecadores a caminho, até que o Senhor nos dê a mão definitivamente e nos introduza na vida eterna. Nessa atitude de humildade, vivida dia após dia, Agostinho viveu e morreu.

Esse sentimento de indignidade diante do único Senhor Jesus introduziu-o na experiência de uma humildade também intelectual. Agostinho, de fato, que é uma das maiores figuras na história do pensamento, quis nos últimos anos da sua vida submeter a um lúcido exame crítico todas as suas incontáveis obras. Originaram-se assim as *Retractationes* (*Retratações*), que desse modo inserem o seu pensamento teológico, verdadeiramente grande, na fé humilde e santa daquela a que chama simplesmente com o nome de *Catholica*, isto é, da Igreja. "Compreendi – escreve justamente neste livro de grande originalidade (I,19,1-3) – que um só é verdadeiramente perfeito e que as palavras do Sermão da Montanha realizam-se totalmente num só: no próprio Jesus Cristo. Toda a Igreja, pelo contrário – todos nós, inclusive os apóstolos – devemos rezar todos os dias: perdoai-nos as nossas ofensas, assim como nós perdoamos os que nos têm ofendido".

Convertido a Cristo, que é verdade e amor, Agostinho seguiu-o por toda a vida e tornou-se um modelo para todo ser humano, para nós todos em busca de Deus. Por isso eu quis concluir a minha peregrinação a Pávia entregando idealmente à Igreja e ao mundo, diante do túmulo deste grande apaixonado de Deus, a minha primeira encíclica, intitulada *Deus caritas est*.

Na verdade, ela deve muito, principalmente na primeira parte, ao pensamento de Santo Agostinho. Também hoje, como no seu tempo, a humanidade tem necessidade de conhecer e principalmente de viver esta realidade fundamental: Deus é amor, e o encontro com Ele é a única resposta às inquietudes do coração humano. Um coração habitado pela esperança, talvez ainda obscura e inconsciente em muitos contemporâneos nossos, mas que para nós cristãos abre já hoje ao futuro, tanto que São Paulo escreveu que "na esperança fomos salvos" (*Rm* 8,24). À esperança eu quis dedicar a minha segunda Encíclica, *Spe salvi*, e também esta é amplamente devedora a Agostinho e ao seu encontro com Deus.

Num belo texto, Santo Agostinho define a oração como expressão do desejo e afirma que Deus responde estendendo para Ele o nosso coração. Da nossa parte, devemos purificar os nossos desejos e as nossas esperanças para acolher a doçura de Deus (cf. *Comentário à Primeira Carta de João* 4,6). Só ela, de fato, abrindo-nos também aos outros, nos salva. Rezemos, portanto, para que a cada dia nos seja concedido seguir o exemplo deste grande convertido, encontrando, como ele, em cada momento da nossa vida, o Senhor Jesus, o único que nos salva, nos purifica e nos dá a verdadeira alegria, a verdadeira vida.

*(Audiência geral, 27 de fevereiro de 2008, Sala Paulo VI)*